Anke Tillmann

Verspieltes Glück

Mein Mann ist spielsüchtig

Aufgezeichnet von
Martina Sahler

BASTEI LÜBBE TASCHENBUCH
Band 61 528

1. Auflage: September 2003

*Zum Schutz aller Personen wurden
Namen, Orte und Details verändert.*

Vollständige Taschenbuchausgabe

Bastei Lübbe Taschenbücher ist ein Imprint
der Verlagsgruppe Lübbe

Originalausgabe
© 2003 by Verlagsgruppe Lübbe GmbH & Co. KG,
Bergisch Gladbach
Lektorat: Kathrin Blum
Titelbild: René Durand
Einbandgestaltung: Gisela Kullowatz
Satz: hanseatenSatz-bremen, Bremen
Druck und Verarbeitung: Ebner & Spiegel, Ulm
Printed in Germany
ISBN 3-404-61528-X

Sie finden uns im Internet unter
http://www.luebbe.de

Der Preis dieses Bandes versteht sich einschließlich
der gesetzlichen Mehrwertsteuer.

*Schau in den Spiegel und frag,
ob er dir das antun darf.*

PROLOG

Ich erinnere mich nur an einziges Mal, dass Harald nach Hause kam und einen Haufen Kleingeld mitbrachte. Er lächelte, als er das Wohnzimmer betrat und den Jutesack mit den Münzen wie eine Trophäe hochhielt.

Ich saß mit unserem dreijährigen Sohn Sven vor dem Fernseher und schaute einen Trickfilm mit ihm an, als mein Mann triumphierend hereinkam und mit einem breiten Grinsen den Eindruck erweckte, dass nun all unsere Sorgen vorbei und vergessen wären.

»Schau mal, Schatz, Überraschung!« Sein Gesicht strahlte.

Ich spürte, wie die Wut in mir aufstieg.

Ich sprang schnell auf, riss ihm den Sack aus den Händen und schleuderte ihn durch den Raum, sodass die Münzen in alle Ecken flogen, sich über dem Tisch verteilten, auf die Fensterbank prasselten und unter die Couch rollten.

»Merkst du überhaupt nicht, was du anrichtest?«, schrie ich ihn an.

Sven fing an zu kreischen, Markus wachte in seinem Babybett auf, und Harald funkelte mich wütend an.

Mit geballten Fäusten stand ich vor ihm.

Ich war außer mir vor Verzweiflung und Zorn; eine Reaktion, die Harald nicht nachvollziehen konnte.

Hatte er ernsthaft erwartet, dass ich ihm um den Hals fallen würde?

›Danke, Schatz, du bist der Größte! Geh doch gleich noch mal in die Spielhalle und nutz die Glückssträhne aus, ja?‹

Dieser jämmerliche Sack Kleingeld führte mir intensiv vor Augen, in welch aussichtsloser Situation wir uns befanden.

Dieser Gewinn würde ihn erst recht dazu ermutigen, es immer und immer wieder zu versuchen.

Es waren etwa 400 Mark in Münzen, die durch das Zimmer flogen, ein Tropfen auf dem heißen Stein im Vergleich zu dem, was er bereits verloren hatte.

Zwei Stunden später kroch ich auf allen Vieren über den Teppich und sammelte jedes Fünfzigpfennigstück, jede Mark und jedes Fünfmarkstück einzeln ein, achtete sorgfältig darauf, kein Geldstück zu übersehen.

Am nächsten Tag würde ich davon die Strom- und Telefonrechnung bezahlen und für zwei Wochen Lebensmittel einkaufen.

1. KAPITEL

Fünf Jahre zuvor hätte ich mir das nie vorstellen können. Ich war fest angestellt als Sachbearbeiterin in einem kleinen Büro. Das kann todlangweilig sein. Rechnungen schreiben und Mahnungen verschicken, Akten sortieren, Adressen auf Briefumschläge kleben – trockener Bürokram, der jedem irgendwann zum Hals heraushängt.

Aber man macht weiter, tritt morgens um acht seinen Dienst an, schaltet abends um halb fünf den PC aus, weil man irgendwie das Geld verdienen muss, bevor man es wieder ausgibt – wofür auch immer.

Wofür geben die Menschen ihr Geld aus?

Sie bezahlen davon die Lebenshaltungskosten, und mit etwas Fleiß und Glück bleibt noch ein Rest für ein bisschen Luxus übrig.

Sie tilgen ihren Kredit, den sie vielleicht aufgenommen haben, um sich ein größeres Auto anzuschaffen.

Das Urlaubsgeld planen sie ein, um im Sommer zwei Wochen an die Nordsee zu fahren, und von dem Weihnachtsgeld wollen sie lieben Menschen mit großzügigen Geschenken Freude bereiten.

Das war meine Vorstellung eines Finanzplans, bis ich erfuhr, dass es auch Menschen gibt, die jeden Pfennig, den sie haben, und noch weit mehr darüber hinaus, Spielautomaten in den Rachen werfen, weil sie es so erregend finden und diesen Kick brauchen.

Aber ich will weder vorgreifen noch in den Zynismus verfallen, der viele Jahre meines Lebens meine einzige Waffe im Kampf um das Überleben meiner Familie wurde.

Als ich noch als Sachbearbeiterin im Personalbüro der Supermarktkette allbuy in einer Kleinstadt bei Frankfurt arbeitete, hätten mich meine Kollegen wohl eher als naiv denn als zynisch bezeichnet.

Ich hatte auch keinen Grund, aggressiv zu sein.

Mir ging es richtig gut.

Ich kannte zu dem Zeitpunkt keine Sachbearbeiterin, die von sich behauptete: Ich lebe, um zu arbeiten. Aber bei uns waren einige, die tiefe Falten um den Mund herum hatten und deren Blick jedes Funkeln verloren hatte, wenn sie hinter ihrem Schreibtisch saßen, die Papierstapel übersichtlich angeordnet, Stifte in einer kleinen Plastikschale, daneben Locher und Heftzwecken, hinter ihnen der Schrank mit den Leitz-Aktenordnern, akkurat beschriftet und nach den Farben auf den Rücken sortiert. In der obersten Schublade eine Tüte Gummibärchen, ein Handspiegel und ein alter Lippenstift für den Fall, dass man zu dem jugendlich-dynamischen Chef vorgeladen wurde und sich eine Gehaltserhöhung erhoffte.

Meine Kollegin Franziska, mit der ich mir das Büro teilte, und ich gehörten nicht zu dieser Sorte. Wir waren, von gelegentlichen depressiven Verstimmungen wegen diverser Liebeskonflikte abgesehen, ein fröhliches Team.

Das machte uns die Arbeit als Sachbearbeiterin erträglich. Dazu kam, dass wir in der Personalabteilung angestellt waren, was doch immer wieder interessant war und meine unterbewusst vorhandene Neigung zum Voyeurismus fütterte.

Franziskas und mein Wunschtraum war jedoch, dass unser Chef ein wirklich gut aussehender liebenswerter Mann wäre, der uns nach Strich und Faden anbaggerte und damit aus der Heerschar der Mitkolleginnen heraushebe, vielleicht sogar einen Verlobungsring heimlich auf dem Schreibtisch deponieren würde.

Die Realität war leider weit davon entfernt. Unser damaliger Chef in der Filiale der Supermarktkette sah zwar umwerfend gut aus und verbreitete eine erotische Aura von Macht, aber er war weder liebenswert, noch würde er jemals auf die Idee kommen, mir einen zweiten Blick zuzuwerfen.

Bei Franziska bestanden eher berechtigte Hoffnungen, dass er doch noch eines Tages auf sie aufmerksam werden würde. Sie hatte eine makellose Figur von der Sorte, die selbst im Kartoffelsack sexy aussah, und ein niedliches Gesicht.

Für mich dagegen sah es mau aus. Ich konnte dem Chef sein Desinteresse nicht verdenken, wenn ich in den Spiegel blickte.

Nicht, dass ich damals, mit 25, unattraktiv gewesen wäre, aber mir fehlten die Attribute, die andere Frauen aus der Masse hervorhoben. Mein Haar hatte diesen Farbton, bei dem man sich fragt, wer auf die Idee gekommen war, dieses als blond zu bezeichnen, wo doch jeder mit dem Begriff blond wogende Weizenfelder oder Honig verbindet.

Mein Hintern war zu dick, mein Gesicht sommersprossig. Meine Augen waren schön, wenn man, wie ich das manchmal vor dem Spiegel tat, tief in sie hineinschaute.

Dann entdeckte man die glitzernden grünen Sprenkel in dem Blaugrau.

Das Schönste an mir war damals mein Lachen, und ich lachte viel.

Ich war hoffnungslos albern; und mit Franziska war es ein Leichtes »The Bright Side of Life« zu entdecken.

Wir hatten eine Menge Spaß damals, an den beiden gegenüberliegenden Schreibtischen, und manchmal steckten Kollegen neugierig den Kopf durch die Tür, wenn unser Giggeln und Gelächter auf den Flur hinausdrang.

Wir amüsierten uns über Fernsehfilme, die wir tags zuvor gesehen hatten, wir lästerten über Kunden und Mitarbeiter, und wir steckten kichernd die Köpfe zusammen, wenn Bewerbungen auf unseren Schreibtischen lagen.

Ich liebte es, die persönlichen Unterlagen durchzublättern und mir im Geiste die Bewerber vorzustellen, bevor ich mir das angeheftete Passfoto anschaute.

Ich weiß, es ist unfein, aber damals waren wir kindisch und unverschämt genug, uns über die hoffnungsvollen Briefe der Leute zu amüsieren.

Nun ja, wir hatten keinen Einfluss, die Auswahl traf der Personalchef, aber ein bisschen mächtig fühlten wir uns schon, wenn diese Schicksale über unsere Schreibtische wanderten.

Wir waren einfach alberne Hühner, und tatsächlich fühlte ich mich manchmal mehr wie 16 als wie 25. Ich war überdreht, unerfahren, hungrig auf das Leben und wusste doch nicht, in welche Richtung sich meine Zukunft entwickeln sollte.

Ein paar Beziehungen hatte ich hinter mir, aber im Nachhinein sehe ich diese als Pflichtveranstaltungen.

Man »geht« mal mit einem Jungen, wenn man nicht als komisch gelten möchte, und schätzt sich glücklich, wenn er einen beim Zungenkuss nicht vollsabbert.

Mehr verlangte ich lange Zeit nicht.

Doch an meinem 25. Geburtstag, den ich an der türkischen Riviera verbrachte, begann sich eine Stimme in mir zu melden, erst leise, dann beharrlicher und unüberhörbar.

Was wollte ich aus meinem Leben machen?

Ich hatte mich bis dahin treiben lassen, aber auf einmal packte mich das Verlangen, das Ruder in die Hand zu nehmen, um ein Ziel anzusteuern. Nur welches?

»Du brauchst einen Mann«, sagte Franziska und klappte den Aktenordner mit den Kopien der Abmahnungen zusammen, bevor sie ihn hinter sich ins Regal stellte.

Ich war den ersten Tag nach meinem Urlaub wieder im Büro und hatte ihr von meiner Melancholie erzählt.

»Das ist ja originell«, gab ich schnippisch zurück und blätterte uninteressiert in dem Stapel von Lebensläufen mit angehefteten Fotos, die nach der letzten Anzeige eingesandt worden waren.

Teilweise hatten die Vorstellungsgespräche bereits stattgefunden, an die Bewerbungsunterlagen waren die Personalbögen angeheftet. Nichts Spannendes dabei, noch nicht mal einer, der mir ein Kichern entlockte.

Franziska hatte gut reden ...

Ich wollte nicht einfach »unter die Haube«, wie es meine Oma genannt hätte.

Ich wollte nicht irgendeinen Mann, der mich in meiner Freiheit einschränkte und mich mit lästigen Diskussionen behelligte.

In meiner Wohngemeinschaft mit der Kunststudentin

Beatrice, drei Katzen und einem neurotischen Wellensittich fühlte ich mich wohl. Ich würde sie nicht für irgendeinen Dahergelaufenen aufgeben. Nein, wenn, dann nur für die Liebe meines Lebens, für den Mann, der mich perfekt ergänzte, der mich forderte, der Zukunftspläne mit mir schmiedete.

Beatrice war zwei Jahre älter als ich und studierte in Frankfurt. Sie war schweigsam genug, um mir nicht in mein Leben zu pfuschen, und ausreichend höflich, um ein offenes Ohr zu haben, wenn mich außerhalb des Büros Weltuntergangsstimmung befiel. Außerdem war sie in der Lage, die besten spaghetti aglio e olio diesseits der Alpen zuzubereiten.

Ich war zufrieden mit meinen Lebensumständen, wenn man davon absah, dass es da eine diffuse Ahnung gab, dass meine Gemütslage steigerungsfähig war.

Ich wusste damals nicht, was es in einem anrichtet, wenn man sich verliebt, und ich meine verliebt, nicht verknallt, obwohl der ein oder andere meiner früheren Freunde meinen Hormonhaushalt schon in Unordnung gebracht hatte.

Aber das konnte doch nicht alles gewesen sein.

Dieses bisschen Kribbeln, dieses tumbe eingemeißelte Grinsen, die geringfügig erhöhte Pulsfrequenz – das sollte das Gefühl sein, das die musisch begabte Abteilung der Menschheit zu einigen der größten Kunstwerke der Weltgeschichte inspiriert hatte?

Haralds Bewerbung war die ordentlichste, die mir je auf den Schreibtisch gekommen war.

Sie hätte als Musterbeispiel in einem Buch »Erfolgreich

bewerben« abgedruckt werden können. Sauber, fehlerlos, überzeugend formuliert, korrekt abgeheftet.

Als ich das beigefügte Passbild sah, entfuhr mir spontan ein: »Wow ...«

Franziska schaute auf, grinsend in der Vorfreude auf eine kleine Lästerei. »Lass sehen!«

Ich konnte meinen Blick nicht losreißen; die Sache mit der Pulsfrequenz ließ keine Sekunde auf sich warten.

Hingerissen starrte ich auf das Foto des Mannes, der sich als Lagerarbeiter bewarb, studierte seine Gesichtszüge, versuchte zu ergründen, welche Farbe seine Augen hatten, die hinter einem geheimnisvollen Schleier verborgen zu sein schienen. Sein Lächeln wirkte traurig-verträumt und doch jungenhaft; ich lächelte dümmlich zurück, als könnte er mich sehen.

Das war meine erste Begegnung mit Harald, dem Mann, der meine Welt aus den Angeln hob. Der mir das Gefühl gab, die einzige Frau auf dem Erdball zu sein, die je geliebt hat und geliebt wurde. Der mir die glücklichsten, leidenschaftlichsten Stunden meines Lebens bescherte und der mich im Lauf der Jahre zwang, emotional erwachsen zu werden und mehr Verantwortung zu übernehmen, als ich mir je hätte vorstellen können.

Und er war der Mann, bei dem ich alles verlor.

Auch mein Lachen.

2. KAPITEL

Jetzt komm mal zurück auf den Teppich«, sagte Franziska auf ihre burschikose Art. »Ich meine, der Typ bewirbt sich hier als Lagerarbeiter. Was hast du da für Erwartungen? Auf mehr als einen One-Night-Stand würde ich es in dem Fall nicht anlegen. Oder hast du vor, dich für den Rest deines Lebens an eine Dumpfbacke zu hängen?«

Der gezielte verbale Kinnhaken meiner Bürokollegin holte mich aus den Wolken. Ich blickte erbost auf. »Ich liebe deine unverblümte Art, Franziska. Red weiter.«

Sie warf die Arme in die Luft. »Du lieber Himmel, jetzt zeig schon das Foto.«

Ich reichte ihr verstimmt die Bewerbungsmappe, an der bereits der Personalbogen hing, über den Tisch.

Klar, dass ein Typ wie dieser eingestellt werden würde. Nicht nur, dass er wirklich ungewöhnlich sympathisch aussah, er präsentierte sich in seiner Bewerbung auch extrem überzeugend.

Ich war mir sicher, dass der Personalchef von ihm begeistert war.

Franziska setzte ihre Brille auf, mit der sie unverdientermaßen nicht nur schön, sondern auch noch intellektuell aussah, und ging das Anschreiben, den Lebenslauf und die Zeugnisse durch, bevor sie sich dem Passfoto widmete.

Sie stieß einen Pfiff aus, was sie beeindruckend beherrschte, da sie eine etwa fünf Millimeter breite Lücke zwischen den Schneidezähnen hatte. Es tröstete mich immer, wenn ich registrierte, dass niemand wirklich absolut perfekt war.

»Ich nehme alles zurück und behaupte das Gegenteil«, sagte sie. »Von wegen Dumpfbacke. Der Typ hat Abi, ein paar Semester BWL studiert und eine abgeschlossene Lehre als Bankkaufmann.«

Das hatte ich überlesen, so hingerissen war ich von der äußerlichen Erscheinung des Bewerbers. »Echt? Ist ja erstaunlich. Warum bewirbt der sich dann hier als Lagerarbeiter?« Ich blickte Franziska erstaunt an. Ein Lagerarbeiter stand in der Hierarchie des Supermarktpersonals noch unter den Auszubildenden im ersten Jahr. Es musste einen entscheidenden Haken in Haralds Lebenslauf geben.

Ich ging um den Schreibtisch herum, um über Franziskas Schulter die Unterlagen zu studieren. Aber auch zwischen den Zeilen konnten wir so etwas wie einen »Schicksalsschlag« nicht ausfindig machen.

Und verheiratet war er auch nicht, wie ich zu meiner tiefen Befriedigung feststellte.

»Jetzt guck doch mal ...« Ich blätterte ungeduldig zurück zu der Seite mit dem Foto.

Während Franziska das Bild betrachtete, wiegte sie ihren Kopf hin und her, als gäbe es irgendeinen Zweifel daran, dass vor ihr der attraktivste Bewerber seit Markus Hackenreuter lag; und der war inzwischen mit der Tochter des Chefs fest liiert, gerüchteweise mit diversen durchaus dankbaren Kassiererinnen locker verbandelt, und hatte eine steile Karriere vom stellvertretenden Abteilungsleiter zum Chef mehrerer Filialen hingelegt.

»Ich weiß nicht, ich weiß nicht«, murmelte sie dann. »Der hat was Erfahrenes im Blick. Der wird kein Auge für deinen Gänseblümchen-Sexappeal haben ...«

Wütend riss ich die Mappe an mich und stapfte auf meine Seite des Schreibtisches zurück.

Ich war verstimmt und tat, als würde ich mich in die Bearbeitung der weiteren Unterlagen vertiefen, doch in Wirklichkeit kreisten meine Gedanken nur um diesen Mann mit dem geheimnisvoll verschleierten Blick und dem rätselhaften Knick im Lebenslauf, der wenige Tage später im Lager die Milchkartons aufeinander stapeln und das alte Obst aus den Kisten entsorgen sollte.

Ein ums andere Mal las ich seinen Lebenslauf und prägte mir alles ein, versuchte, mir ein umfassendes Bild von diesem Menschen zu machen.

In einer Woche würde er seine Arbeit hier antreten. Ich wusste, dass sein erster Gang ihn ins Personalbüro führen musste, wo ich ihm seine Unterlagen aushändigen würde.

Ich freute mich darauf wie ein Schulmädchen auf den Abschlussball und begann gleich zu überlegen, wie ich auf die Schnelle noch zwei bis drei Kilo abnehmen konnte und ob ich vorher noch mal zum Friseur gehen sollte.

Dass ich mir neue Klamotten zulegen würde, stand außer Frage.

3. KAPITEL

Er stand vor mir in schwarzen Jeans und weißen Schuhen. Ich hasse weiße Schuhe, erst recht bei Männern. Dazu trug er ein schwarzes Jeanshemd mit aufgekrempelten Ärmeln.

»Hi, ich bin Harald Tillmann. Ich bin für die Warenannahme eingestellt«, stellte er sich vor, nachdem er geklopft hatte und ich ihn hereingebeten hatte.

Ich hatte mich in eine enge Jeans gezwängt und darüber einen taillierten hellblauen Pullover mit rundem Ausschnitt angezogen, von der Art, die einem über die Schulter fallen, wenn man sich zur Seite neigt und die Haare hinters Ohr steckt. Ich reichte ihm die Hand und strahlte ihn an.

Er erwiderte mein Lächeln zwar sofort, aber ohne die Begeisterung, die ich mir erträumt hatte.

In natura sah er, mal abgesehen von dem Schuhwerk, noch besser aus als auf dem Foto.

Ich grinste wie ein Honigkuchenpferd. Gott sei Dank hielt Franziskas Taktgefühl sie davon ab, dies weiter zu kommentieren.

Immer noch lächelnd übergab ich ihm seine Unterlagen und wünschte ihm einen guten Einstieg ins Arbeitsleben bei allbuy.

Er bedankte sich, grinste noch mal freundlich und verschwand zu seinen Kisten.

Was hatte ich erwartet? Dass er mir spontan seine Liebe gestehen würde? Dass er mich wie einst Rhett Butler seine Scarlett in seine starken Arme nehmen und abknutschen würde?

Ich war enttäuscht von dieser ersten Begegnung, aber ich würde nicht locker lassen.

Dieser Mann gefiel mir so gut wie noch niemals ein anderer zuvor.

Unsere Begegnung empfand ich wie eine »Fügung«. In Gedanken malte ich mir aus, mit welchen Mitteln ich ihn auf mich aufmerksam machen konnte, aber dann kam mir der Zufall zu Hilfe.

Als eine Kollegin in der Rechnungskontrolle für längere Zeit erkrankte, bat mich der Filialleiter, den Posten dort vorübergehend zu übernehmen.

Das Büro dieser Abteilung lag direkt neben der Warenannahme, sodass ich von Harald nur durch eine Glastür getrennt war und wir täglich Kontakt miteinander hatten.

Wir saßen praktisch Tür an Tür, ich erlebte ihn acht Stunden am Tag und verliebte mich dabei immer stärker in ihn.

Harald erwies sich als aufgeschlossen und kontaktfreudig, nicht die Spur verlegen oder schüchtern. Ich mochte seinen Humor, wir lachten viel miteinander, neckten uns. Die Spannung zwischen uns empfand ich als sehr reizvoll.

Morgens stand ich eine Stunde früher auf, weil ich mehr Zeit vor dem Spiegel und für die Kleiderauswahl brauchte. Beschwingt wie schon seit langem nicht mehr betrat ich dann gegen acht das Büro.

Ob es Harald genau so ging, wusste ich nicht. Sein Verhalten mir gegenüber war immer gleich freundlich. Bedeutete ich ihm etwas, oder war das seine Art des Umgangs mit Frauen?

Gleich an unserem ersten gemeinsamen Arbeitstag hatte er einen Keil besorgt, mit dem er die Tür befestigte, sodass sie nicht mehr zuklappen konnte und wir uns von unseren Schreibtischen aus jederzeit miteinander unterhalten konnten, wenn er nicht im Lager unterwegs war und die Lieferanten abfertigte.

Er hatte immer irgendwas zu erzählen, unsere Gespräche plätscherten zwanglos dahin. Oft brachte er mich zum Lachen, manchmal aber auch zum Nachdenken, wenn er ein aktuelles politisches Thema anschnitt.

Ich war hilflos begeistert und konnte es kaum fassen, dass es einen so wunderbaren Menschen gab, der nicht nur gut aussah, sondern auch noch gebildet und klug und charmant war.

Wie er wohl im Bett war ...

Ab und zu verbrachten wir mit anderen Kollegen die Mittagspause in der Kantine. Es gefiel mir sehr, wie er sich anderen gegenüber verhielt.

Allmählich begann ich, ihn gedanklich auf ein Podest zu stellen. Wenn ich mir vorstellte, dass wir ein Paar wären, fühlte ich nicht nur Schmetterlinge im Bauch, sondern dachte auch daran, wie stolz es mich machen würde.

Alle Frauen würden mich um ihn beneiden. Meine Eltern und Freunde wären ebenfalls begeistert.

Alles, was ich beim ersten Blick auf sein Foto intuitiv erfasst zu haben glaubte, schien sich in der Realität zu bestätigen.

Er hatte eine Art, die sämtliche Kollegen und Kolleginnen für ihn einnahm. Keineswegs ein Aufschneider oder Blender, sondern ein richtig netter junger Mann mit Geist, Witz, Taktgefühl und einwandfreien Manieren. Er war einfach jedem sympathisch. Ich erlebte keinen, der ihm ablehnend gegenüberstand. Frauen flirteten gern mit ihm, und Männer verabredeten sich mit ihm zum Squash spielen oder Fußball gucken.

Es bereitete ihm überhaupt keine Schwierigkeiten, seinen Platz in der Gruppe zu finden.

Aus heutiger Sicht sehe ich, dass der damalige Harald eine Rolle spielte, die er bis zur Perfektion beherrschte und die zu seinem zweiten Ich geworden war, um seine innere Zerrissenheit, seine verletzte Seele, seine zerstörerischen Ambitionen zu kaschieren.

Er spielte diese Rolle auch in den nächsten Jahren unserer Beziehung, selbst noch zu der Zeit, als uns das Wasser bis zum Hals stand und ich mich entscheiden musste, ob ich in mein Elternhaus zurückkehren oder mit meinen Kindern auf der Straße leben sollte.

Später hätte ich gern allen Leuten ins Gesicht geschrien: Lasst euch nicht täuschen! Wie könnt ihr so dumm sein!

Aber es lag nicht an der Dummheit der anderen, es lag an Haralds Bravour im Ausfüllen dieser Rolle.

Ich bin die Einzige, der man Dummheit vorwerfen kann, denn ich blieb bei ihm, obwohl ich die Wahrheit über ihn herausfand und das Ausmaß der Katastrophe täglich vor Augen geführt bekam.

4. KAPITEL

Zwischen Harald und mir entwickelte sich zunächst eine nette Kollegen-Beziehung. Täglich verschwand ich zu Franziska ins Personalbüro, um sie über den aktuellen Stand der Dinge auf dem Laufenden zu halten.

Aber es entwickelte sich nicht wirklich was.

Es blieb wochenlang bei nettem Geplänkel. Jeden Tag wartete ich hoffnungsvoll aufs Neue, dass er unsere Beziehung auf den privaten Bereich ausdehnte.

Ich versuchte es mit verschiedenen Anspielungen, in welchem Restaurant ich gern mal essen und welchen Kinofilm ich mir anschauen würde, aber Harald reagierte darauf nicht.

Ich schob sein Desinteresse auf meine überschüssigen Pfunde, ich wog damals bei einer Größe von 1,70 m 80 Kilo, und begann mit eiserner Disziplin die erste Diät, die ich wirklich durchhielt, bis ich mich fast auf Idealgewicht heruntergehungert hatte. Bevor ich nicht äußerlich ein ansprechendes Bild abgab, hätte ich mich nie getraut, selbst die Initiative zu ergreifen.

Als ich endlich in Jeans Größe 38 passte, entwickelte ich einen Plan, wie ich Harald näher kommen könnte. Zur Hilfe kam mir dabei ein befreundetes Pärchen, das zu einem Peter Gabriel Konzert in die Nachbarstadt fahren wollte.

Ich besorgte aufs Geratewohl ebenfalls zwei Karten und behauptete Harald gegenüber, meine Bekannte sei abgesprungen. Nun säße ich auf der einen Karte und ob er nicht vielleicht Lust hätte ...

Ohne zu zögern, stimmte er zu. Er war seit vielen Jahren Peter Gabriel Fan und besaß auch noch die alten Genesis-Platten. Ich jubelte innerlich.

Am Samstag musste er noch bis nachmittags bei allbuy arbeiten, wo ich ihn bis in die Haarspitzen aufgestylt in meinem Wagen abholte.

Das Konzert war ein Traum ... Open Air bei Nacht mit Kerzenschein und der wunderschönen Musik von Peter Gabriel. Harald stand ganz dicht an meiner Seite, legte den Arm um mich und tanzte mit mir zu den langsamen Songs. Wir knutschten ein bisschen, ich war im siebten Himmel.

Als meine Freundin Andrea und ich Getränke holen gingen, sagte sie mir das, was ich erwartet hatte: Harald sei ja ein echter Glücksgriff. Ich platzte fast vor Stolz.

Ich war an diesem Abend zu allem bereit. Ich hatte so lange darauf gewartet, dass er mich küssen, mich berühren würde, dass ich es jetzt nicht mit irgendeiner Hinhaltetaktik, um mich noch interessanter zu machen, verderben würde.

Als wir nach Wiesbaden zurückfuhren, ging ich davon aus, dass er noch mit zu mir kommen würde.

Zwischen Beatrice und mir gab es die Vereinbarung, dass wir uns gegenseitig nicht in unsere Männergeschichten hereinredeten. Wir hatten ja jeder unser eigenes Zimmer, das man abschließen konnte, und ich verspürte an diesem Abend wirklich Lust, die ganze Nacht mit Harald zu verbringen.

Als ich von der Autobahn abfuhr und Harald immer noch nicht gefragt hatte, ob er mit zu mir kommen könne, bemerkte ich möglichst beiläufig: »Na, was machen wir mit dem angebrochenen Abend?« Ich strahlte ihn kurz an, bevor ich mich wieder auf den nächtlichen Verkehr konzentrierte.

Er legte für einen Moment seine Hand auf mein Bein und sagte dann: »Fahr mich bitte nach Hause, ja?«

»Klar«, erwiderte ich munter und hoffte, dass er mir die Enttäuschung nicht anmerkte.

Diese klare Absage nagte erheblich an meinem Selbstwertgefühl, aber andererseits erinnerte ich mich an seine zärtlichen Küsse auf dem Konzert ... Da musste doch so etwas wie Zuneigung sein, die ausbaufähig war. Ich tröstete mich mit dem Gedanken, dass vielleicht auch Männer manchmal »ihre Tage« haben.

Mit ungutem Gefühl im Bauch ging ich am Montag ins Büro. Ich hatte keine Ahnung, wie ich das Verhältnis zu Harald nun einordnen sollte. Waren wir nun ein Paar, weil wir uns geküsst hatten, oder war das nur aus einer Laune heraus passiert ... Wie würde er mich empfangen? Genauso unverbindlich und oberflächlich wie in den letzten Wochen auch? Würde er sagen: ›Hallo, mein Schatz‹ oder einfach ›Guten Morgen‹ ...

Ich wurde enttäuscht. Harald verhielt sich so, als hätte es keine Zärtlichkeiten zwischen uns gegeben. Das änderte sich auch im Lauf der Woche nicht. Ich spürte, dass Harald die Beziehung zu mir wieder auf Eis gelegt hatte.

Es tat mir weh, aber ich fand keine Möglichkeit, diese Situation zu ändern. Ich hatte mich ihm schon genug offenbart und angeboten, er wusste, wie ich zu ihm stand.

Mit keinem Wort, keiner Geste gab er mir zu verstehen, dass er an einer Fortsetzung der Beziehung interessiert war. Ich musste das so hinnehmen, obwohl ich Magenschmerzen davon bekam. Alles zog mich zu ihm hin, doch er ließ mich sozusagen am ausgestreckten Arm verhungern.

Unsere nächste private Begegnung fand auf dem Polterabend eines Kollegen statt. Nach drei Gläsern Bier war ich nicht mehr zu bremsen. Ich stellte mich zu Harald an den Pavillon und fing mit ihm ein Gespräch über unsere Beziehung an.

Er war freundlich und höflich wie immer, setzte mir aber unmissverständlich auseinander, dass er zurzeit »nicht bereit« sei für eine Partnerschaft.

Ich wollte nicht locker lassen und erzählte ihm, wie gut wir zueinander passten und dass ich mich Hals über Kopf in ihn verliebt hätte. Dabei drehte ich so auf, dass eine Freundin mich zur Seite nahm und meinte: »Jetzt lass es doch gut sein, du kannst es nicht erzwingen ...«

Das brachte mich zwar zur Vernunft, aber glücklich war ich nicht. Harald sah mich aufmerksam an, als bitte er um Verständnis: »Ich habe gerade eine Verlobung hinter mir. Marie war die Liebe meines Lebens. Ich mag dich sehr, Anke, aber ich bin über diesen Bruch seelisch noch nicht hinweg.«

Ich hätte überhaupt nichts dagegen gehabt, ihn über diese schwierige Zeit hinwegzutrösten, aber ich konnte ihn ja schließlich nicht vergewaltigen.

Obwohl ich eifersüchtig auf diese »Liebe seines Lebens« war, setzte ich das Gespräch fort. Wenn es das war, worüber er reden wollte, würde ich den Schmerz schon aushalten können. »Warum seid ihr nicht mehr zusammen?«

»Sie hat Schluss gemacht. Ich hab mich ihr gegenüber wie ein Trottel verhalten. Sie hatte Recht, einen Schlussstrich zu ziehen. Ich war nicht gut genug für sie.«

Ich fand diese Bemerkung eigenartig, aber ich ließ sie so stehen und wusste nichts darauf zu erwidern.

Mehrere Wochen vergingen. Fast hatte ich mich schon damit abgefunden, dass aus uns nie ein Paar werden würde – ich hatte aus Frust auch wieder fünf Kilo zugenommen. Wenn er mich schlank nicht wollte, konnte ich auch wieder vernünftig essen. Ich tröstete mich über den Liebeskummer mit Schokolade und Lakritz hinweg.

Eines Tages erwähnte ich in der Mittagspause in der Kantine, dass ich am folgenden Nachmittag ein Bett bei Ikea abholen müsse und keine Ahnung hätte, wie ich es nach Hause schleppen sollte, zumal meine WG-Mitbewohnerin Beatrice so ein zierliches Geschöpf sei, dass man ihr keine schwere Last aufbürden könne. Ich erzählte das ganz ohne Hintergedanken, denn ich hatte begriffen, dass Harald nicht zu verführen war, aber er reagierte überraschend: »Kein Problem. Wenn du magst, komme ich mit. Dann stellen wir das Teil zusammen auf.«

Daraufhin widmete er sich wieder seinem Salat und tat, als hätte er nicht gerade die bedeutendste Bemerkung der letzten drei Wochen gemacht.

»Das wäre ja nett«, murmelte ich, und er grinste auf seine jungenhafte Art.

Am nächsten Nachmittag überschlugen sich all die Schritte, die ich so genau zu planen versucht hatte. Wir alberten herum, neckten uns und schafften es gemeinsam, dass Bett in mein Zimmer zu transportieren, es aufzustellen – und es dann nach allen Regeln der Kunst leidenschaftlich einzuweihen ...

Heute weiß ich, dass mich Harald damals sozusagen indirekt vor sich selbst gewarnt hat. Wäre mein Verstand vor lauter Liebe nicht völlig ausgeschaltet gewesen, hätte ich seine mehrmaligen Absagen viel ernster nehmen müssen.

Aber ich war, wie es so schön heißt, völlig blind und nur darauf fixiert, diesen Mann ins Bett zu bringen.

Damals hielt ich unsere erste gemeinsame Nacht für das Happy End.

Aber es war nur der erste Akt in einem Drama, das viele Menschen ins Unglück stürzte und mir und meinen Kindern den Boden unter den Füssen wegriss.

5. KAPITEL

Als er sich einmal entschlossen hatte, Ja zu dieser Beziehung zu sagen, war es wunderschön zwischen uns. Ich war so verrückt nach Harald wie noch niemals zuvor nach einem Mann, wir verstanden uns auch im Bett, als wären wir füreinander geschaffen. Ich betete ihn an. Wir hatten absolut die gleiche Wellenlänge.

Ich lief nur noch grinsend durch die Gegend, als wären meine Mundwinkel festgeklebt.

Schon bald sprach sich bei allbuy herum, dass wir beide ein Paar waren. Ich war so stolz, diesen überall beliebten, gut aussehenden Typen für mich gewonnen zu haben – trotz fünf Kilo zu viel.

Die ersten Monate mit Harald waren, auch im Nachhinein betrachtet, die schönste Zeit meines Lebens.

Wir verbrachten lange Abende bei Kerzenschein und Musik, wollten anfangs gar nicht aus dem Haus gehen, nur im Bett bleiben. Ich hätte niemals vorher geglaubt, dass man als Paar so makellos harmonieren kann.

Ich war süchtig nach seiner Nähe und genoss es hemmungslos, mit ihm zusammen zu sein.

Wir wurden nur noch gemeinsam zu Parties eingeladen, bauten uns im Lauf der nächsten Monate einen Freundeskreis aus Kollegen und alten Bekannten auf.

Für mich stand fest: Hier hast du jetzt mit 25 Jahren den

Mann gefunden, mit dem du alt werden willst. Ich bestand nur aus Gefühl und ließ auch nicht den Hauch von Kritik an dieser Lebensplanung zu.

Nur an eine Begebenheit erinnere ich mich, die mir für ein paar Stunden Kopfzerbrechen bereitete.

Harald befand sich noch in der Probezeit, als er um einen Vorschuss von 100 DM bat.

Das war durchaus nicht unüblich bei allbuy. Der Filialleiter zeigte sich in dieser Beziehung auch stets kulant, wenn man gute Gründe vorbringen konnte, und 100 DM war auch nicht die Welt.

Trotzdem hatte ich eine negative Einstellung dazu.

Ich selbst versuchte immer, mir das Geld über den Monat einzuteilen, achtete darauf, meinen Dispokredit nur im Notfall in Anspruch zu nehmen, und wäre nie auf die Idee gekommen, mir eine Summe meines Gehalts vorab auszahlen zu lassen. Ich hätte das auch peinlich gefunden; es warf kein gutes Licht auf den Mitarbeiter.

Wenn Harald mich um Rat gefragt hätte, hätte ich ihm dringend davon abgeraten, den Eindruck zu vermitteln, er leide unter Geldmangel.

Warum bat er nicht seine Familie oder einen seiner Freunde, ihm etwas zu leihen, wenn es ihm finanziell so schlecht ging?

In seiner Personalakte lag nun ein Zettel mit dem Hinweis, dass er sich 100 DM Vorschuss hatte ausbezahlen lassen.

Ich empfand es wie einen Makel.

Mir lastete das auf der Seele, aber andererseits waren wir erst so kurz zusammen. Ich wollte ihm nicht das Gefühl geben, ich schnüffelte in seinen Sachen herum oder würde ihn gar kontrollieren. Deswegen thematisierte ich diese Angelegenheit nicht zwischen uns.

In der nächsten Zeit fiel mir immer wieder auf, dass Harald unter chronischem Geldmangel litt. Er wohnte noch bei seinen Eltern, hatte kein Auto, verdiente nicht schlecht bei allbuy – und war doch immer blank.

Niemals beteiligte er sich an den Spritkosten, wenn wir unterwegs waren, und wenn wir uns was zu essen holten, war immer ich diejenige, die bezahlte.

Harald und ich waren fast jeden Abend zusammen. Nur zweimal war er nicht zu mir gekommen. Er hatte behauptet, er müsse mal wieder Zeit mit seinen Eltern verbringen; das andere Mal war er angeblich mit einem alten Schulfreund verabredet.

Für mich gab es damals noch keinen Grund, an seinen Behauptungen zu zweifeln. Warum sollte er mich anlügen? Wir liebten uns doch, er bewies mir seine Zuneigung immer wieder aufs Neue.

Als er wieder einmal den Abend bei seinen Eltern verbringen und erst gegen elf zu mir kommen wollte, rief ich dort an, um Harald mitzuteilen, dass ich mit Franziska ins Kino gehen und er den Schlüssel zu meiner Wohnung unter dem Blumentopf im Flur finden würde.

Seine Mutter war überrascht. »Harald hat gesagt, er würde zu uns fahren? Davon weiß ich gar nichts. Na, sicher ist er noch unterwegs.«

Sicher war er nicht mehr unterwegs.

Die Fahrt zu seinen Eltern dauerte keine zweieinhalb Stunden.

»Oh, vielleicht habe ich ihn auch falsch verstanden«,

sagte ich rasch. »Er war ja auch erst letzte Woche bei Ihnen, wahrscheinlich verwechsele ich da etwas.«

»Letzte Woche?« Seine Mutter lachte, aber es klang nicht echt. Ich spürte, dass sie etwas bedrückte, konnte es mir aber nicht erklären. Betont munter sagte sie. »Hm, kann ich mich jetzt nicht daran erinnern ... Aber das wird schon stimmen.«

Meine Hand zitterte, als ich auflegte. Zum ersten Mal, seit ich mit Harald zusammen war, weinte ich.

Er verheimlichte mir etwas, er hatte mir nicht die Wahrheit gesagt.

Ich glaubte nicht, dass er eine andere hatte. Dafür war unsere Beziehung zu intensiv. Auch die Reaktion seiner Mutter, die mir irgendwie unecht und aufgesetzt erschienen war, gab mir zu denken.

Ich wischte mir die Tränen ab und überlegte, wie ich mich nun verhalten sollte. Die Lust auf Kino war mir an diesem Abend vergangen.

Franziska sagte ich »wegen Kopfschmerzen« ab, setzte mich in mein Zimmer und versuchte, mich auf eine Zeitschrift zu konzentrieren. Es gelang mir nicht.

Ich wartete zum ersten Mal auf Harald.

Ein unangenehmes Gefühl, das mir in den nächsten Jahren sehr vertraut werden würde.

Lass ihn eine Erklärung haben, dachte ich immer wieder, eine ganz logische Erklärung.

Ich hatte große Angst, ihn zu verlieren.

Als er gegen halb zwölf klingelte, empfing ich ihn mit einem Kuss. Ich sah ihm in die Augen und bemerkte wieder diesen Schleier, den ich auf seinem Passfoto so geheimnisvoll attraktiv gefunden hatte; nun erschien es mir, als sei er in Trance.

Er lächelte mich gequält an und sprach mit monotoner Stimme. Fast sah er aus, als hätte er Drogen genommen, aber sein Verhalten war nicht bizarr, wie ich es mir bei einem Drogenabhängigen vorstellte.

Er nahm mich in den Arm und hielt mich lange fest. »Ich bin so froh, dass ich dich habe, Anke.«

Um ein Gespräch würden wir an diesem Abend trotzdem nicht herumkommen.

»Ich habe bei deiner Mutter angerufen ...«, begann ich, nachdem wir es uns im Bett gemütlich gemacht hatten.

Harald reagierte sofort. Ich brauchte nicht mehr zu erläutern. »Ach, wie blöd ... Ich habe dir noch nicht gesagt, dass ich gar nicht bei meinen Eltern war. Ich war tanken und hab einen alten Kumpel dort getroffen, der mich auf ein Bier eingeladen hat. Ich habe ihn lange nicht gesehen, war ein toller Abend. Weißt du, was der mir erzählt hat ...« Er lachte in Vorfreude auf eine lustige Geschichte.

Ich hörte zu und glaubte ihm jedes Wort.

Ich war ihm so dankbar für diese Erklärung, die meine Psyche wieder in die Balance brachte und mir die Sicherheit ließ, dass wir beide uns nicht mehr verlieren würden.

Wir liebten uns und lagen dann, mein Rücken an seinem Bauch, unter der Decke. Er hatte einen Arm fest um mich geschlungen. »Verlass mich nicht«, flüsterte er mir ins Ohr.

Ich war verwundert. Von Verlassen konnte doch nach diesem erneuten Liebesbeweis gar keine Rede sein. Aber ich freute mich trotzdem.

Ich streichelte seine Hand an meinem Bauch, verschränkte meine Finger mit seinen und murmelte, bevor ich einschlief: »Niemals. Ich brauche dich doch.«

Dass seine Mutter behauptet hatte, sie könne sich nicht erinnern, ob Harald bei ihnen gewesen sei, verdrängte ich auf meine bewährte Art, die mir half, positiv durchs Leben zu gehen.

Wahrscheinlich hatte ich mich am Telefon verhört, oder seine Mutter war ein bisschen senil oder irgendwas ... Ganz egal.

Hauptsache, alles war wieder gut.

Kurz danach bestellten wir uns an einem Freitagabend Pizza. Ich fasste die Gelegenheit beim Schopf, um herauszufinden, ob Harald vielleicht nur so tat, als hätte er kein Geld. Vielleicht war er einfach ein Geizhals?

Als der Pizzabote eintraf, rief ich Harald zu: »Geh du mal gerade annehmen, bitte. Ich finde mein Portemonnaie nicht.«

Harald geriet in Panik. »Wo kann das denn sein!« Er begann, auf meinem Schreibtisch herumzukramen.

»Kannst du das nicht heute mal übernehmen. Ich habe die letzten Male immer bezahlt. Ich wollte mir diesen Monat noch neue Gardinen zulegen.«

»Ich habe keinen Pfennig dabei«, sagte er mit Entsetzen in den Augen. Der Pizzamann klingelte nun Sturm.

Widerstrebend fischte ich mein Portemonnaie aus meiner Handtasche.

»Da ist es ja«, sagte ich, ohne mir viel Mühe beim Schauspielern zu geben, und ging den Mann bezahlen.

Die Stimmung zwischen uns war angespannt, als wir uns in die Küche setzten und die Pizza in Stücke schnitten.

»Ich verstehe nicht, warum du nie Geld hast. Ich meine, ich weiß doch, wie viel du verdienst. Was machst du mit dem ganzen Geld? Du hast doch kaum laufende Kosten.«

»Gut, dass du das Thema ansprichst«, sagte Harald auf seine entwaffnende Art. »Ich wollte schon lange mit dir darüber sprechen, wusste nur nicht, wie ich beginnen sollte. Ich habe zwei ziemlich hohe Kredite am Laufen. Einmal brauchte ich für die Bankkaufmannlehre eine komplett neue Garderobe. Und dann habe ich das Auto meines Stiefvaters zu Schrott gefahren«, erklärte er und zog zerknirscht die Stirn in Falten. »Ich musste einen Kredit von 4000 Mark aufnehmen, um ihm den Schaden zu ersetzen. Der andere ist um die 1000 DM. Na ja, und weil ich nicht mein Leben lang abbezahlen will, habe ich ziemlich hohe Tilgungen vereinbart. Deswegen bin ich zurzeit so knapp bei Kasse.«

»Ah ja«, sagte ich und ließ es dabei bewenden.

Haralds Erklärungen waren immer so überzeugend und zerstreuten in den ersten Jahren unserer Partnerschaft auf der Stelle jeden Ansatz von Zweifel.

Als ich am nächsten Abend allein war, rechnete ich trotzdem noch mal nach. Ich wusste, dass er ungefähr 1.600 DM bei allbuy verdiente. Sicher gab er seiner Mutter Unterhaltsgeld, und die Kredite zahlte er ab … aber da mussten doch mindestens noch 800 DM zum Ausgeben übrig bleiben. Soweit ich es beurteilen konnte, verschleuderte er sein Geld auch nicht für CDs oder Kleidung, im Gegenteil: Ich sah selten mal ein neues Hemd oder eine neue Jeans an ihm.

Es gab mir Rätsel auf, aber ich war viel zu verliebt, um

solche vernünftigen Gedanken in die Waagschale zu werfen.

Ich vergaß den Vorfall wieder und bezahlte weiterhin den größten Teil unserer gemeinsamen Ausgaben aus meiner Tasche.

Die Beziehung zwischen Harald und mir wurde immer enger.

Auch mit seiner Mutter hatte ich mehr Kontakt. Am Telefon fiel mir immer öfter ihr etwas bedrückt klingender Tonfall auf. Gleichzeitig schwang in ihrer Stimme eine Hoffnung mit, die ich mir nicht erklären konnte.

Sie gab sich viel Mühe, meine Freundschaft zu gewinnen. Ich war froh, so positiv aufgenommen zu werden. Ich bin nicht auf den Mund gefallen und wusste immer etwas zu erzählen – von der Arbeit oder von netten Erlebnissen mit Harald. Mein Eindruck war, dass es ihr gefiel, dass die neue Partnerin ihres Sohnes so eine redselige vertrauensvolle Person war, die kein Blatt vor den Mund nahm.

Ich versuchte, mir auszumalen, was für eine Familie hinter Harald steckte.

Nach den Telefongesprächen stellte ich mir »Mutter Hanne« und »Stiefvater Udo« als intellektuelle Menschen vor, kulturell interessiert, stilvoll und in allerlei Organisationen und Wohlfahrtsvereinen ehrenamtlich engagiert. Ich hatte keine Ahnung, wodurch dieser Eindruck hervorgerufen wurde; möglicherweise lag es wieder an meinem ausgeprägten Wunschdenken.

Auch erschien mir Harald wie ein Mann, der mit beiden Beinen fest auf dem Boden stand und sich in jeder Gesellschaft anpassen und behaupten konnte, der gute Gespräche führte und politisch und bei anderen aktuellen Themen auf dem Laufenden war.

Das konnte doch nur das Ergebnis einer guten Erziehung sein, oder?

Als ich Hanne zum ersten Mal traf, musste ich meine Vorstellung erst mal der Realität anpassen.

Zwar war sie mir sympathisch, wie sie da zwei Köpfe kleiner als ich vor mir stand und zaghaft zu mir hinauflächelte. Aber ich hatte ein ganz anderes Bild von ihr und ihrem Zuhause entwickelt.

Sie war sehr gepflegt, aber mit ihrer blondierten Dauerwelle und dem Plisseerock wirkte sie so spießig, dass ich fast nicht glauben konnte, dass solch eine Frau einen Mann wie Harald großgezogen hatte.

In der Wohnung fand ich nicht, wie erwartet, Eleganz und geschmackvolle Dekoration, sondern die gutbürgerliche Eichenschrankwand, Dreier-, Zweier-Sofa und Sessel und höhenverstellbaren Wohnzimmertisch, dekoriert mit allerlei Figuren in Form von Hunden, Katzen und Engeln und einigen Kunstblumen, die von der Decke baumelten oder in Vasen auf Beistelltischen standen. Sie wohnten im Parterre, mit kleinem Balkon, den bunte Blumen in Plastikkästen schmückten.

Es war für mich der Inbegriff der Kleinbürgerlichkeit.

Die »Kaffeetafel« war mit dem guten Geschirr gedeckt. Hanne hatte selbst einen Kuchen gebacken, ein neues Rezept, wie sie erzählte, um das Gespräch in Gang zu bringen.

Doch es geriet immer wieder ins Stocken. Zu steif war die Atmosphäre. Verkrampft saßen wir da und suchten verzweifelt nach einem gemeinsamen Thema. Warum war sie am Telefon so anders gewesen? Lag es an Udos Gegenwart, oder vielleicht sogar an Haralds?

Hanne lobte mich, dass ich mich so schick gemacht hatte. Sicher hatten die Nachbarinnen hinter den Gardinen gestanden und sensationslüstern die neue Freundin gemustert. Aber ich hatte bestimmt einen guten Eindruck gemacht, und sie brauche sich nicht zu genieren.

Es war der Horror.

Es widerstrebte meiner Lebenseinstellung von Grund auf, und den Kuchen brachte ich auch kaum herunter, so unentspannt war ich.

Hannes Lebensgefährte Udo verhielt sich die ganze Zeit über sehr ruhig, nippte an seinem Kaffee und starrte vor sich hin, während Hanne mit ihrer leisen Stimme herauszufinden versuchte, was für ein Mensch ich war, und gleichzeitig ihren Sohn in den höchsten Tönen anpries.

Es war eine andere Welt als die, die ich von zu Hause kannte. Meine Eltern besaßen eine Gaststätte und waren sehr herzliche Menschen. Bei uns wurde viel gelacht und gelärmt; wenn es Kuchen gab, aß man den im Stehen und trank einen Pott Kaffee dazu. Es war ein bisschen wie Eiche Rustikal meets Ikea, rein von der Optik her.

Als Harald und ich uns in sein Zimmer verzogen, glaubte ich, ein paar Minuten aufatmen und entspannen zu können, doch Hanne klopfte in regelmäßigen Abständen und fragte nach unserem Befinden, brachte uns Schnittchen oder bot uns Limonade an. Ich kam mir vor wie ein Teenager.

Mir schnürte es die Kehle zu.

Ich konnte nachempfinden, wie eingeengt Harald sich in

diesem Elternhaus fühlen musste. Er war hier ganz behüteter Sohn, der mit allen Mitteln überwacht und gegängelt wurde.

6. KAPITEL

Es traf mich völlig unerwartet, als der erste negative Kommentar über Harald von einem alten Bekannten kam, der nur wenige Sätze mit ihm gewechselt hatte. Arne meinte: »Der Harald ist ja ziemlich labil.«

Ich dachte, er wolle mich auf den Arm nehmen. Andererseits, in dem rosaroten Zustand, in dem ich mich befand, hätte Harald wahrscheinlich ein Serienmörder sein können, und ich hätte es dem Richter nicht geglaubt.

Aber es war wieder so eine Kleinigkeit, die sich in mir festsetzte, die ich zwar zu ignorieren versuchte, die aber an mir nagte, genauso wie die Sache mit dem Vorschuss oder sein chronischer Geldmangel und die abendlichen Alleingänge.

Ich wollte Harald als meinen Helden sehen, als den Mann, auf den ich mein Leben lang gewartet und den ich nun endlich gefunden hatte. Negatives passte da nicht ins Bild.

Was mich am meisten störte und beunruhigte, war das Ungleichgewicht zwischen uns, was die Ausgaben betraf.

Ich bin ein sehr freigiebiger Mensch und würde mein letztes Hemd mit einem guten Freund teilen, aber irgendwann erwartet doch jeder, dass der andere sich auch mal revanchiert.

Das passierte nie.

Ich übernahm nach wie vor sämtliche anfallenden Kosten.

Als nach einem halben Jahr feststand, dass unsere Beziehung dauerhaft sein würde, wusste ich, dass alles Finanzielle auf meinen Schultern lastete. Harald hielt sich vollkommen fern von diesen Dingen.

Wir legten uns eine Haushaltskasse zu, die allerdings nur ich füllte. Deswegen wehrte ich mich nicht, als Harald vorschlug, ich sollte die »alleinigen Zugriffsrechte« darauf haben.

»Mach du das, Schatz. Ich kann nicht gut mit Geld umgehen«, sagte er.

»Ich auch nicht«, erwiderte ich mit einem Zwinkern in den Augen. »So kommen wir zu nichts.«

Harald blieb ernst. »Ich fände es gut, wenn du dich darum kümmerst. Kannst du nicht die Kasse auch abschließen und den Schlüssel aufbewahren?«

Ich stutzte und lachte dann, weil ich es für einen Witz hielt.

Heute weiß ich, wie ernst ihm diese Bemerkung war, damals hätte ich es nicht für möglich gehalten, selbst wenn er mir eine Erklärung gegeben hätte.

Zweck dieser Kasse sollte sein, dass immer Geld in der Wohnung war, um die Lebensmittelvorräte aufzustocken oder die Benzinkosten zu bezahlen.

Das glaubte ich zumindest.

Wir hatten immer noch wunderbare Gespräche miteinander, viel Spaß im Bett – gefühlsmäßig waren wir uns ganz nah.

Diese etwas geheimnisvolle Aura, die ich inzwischen

immer häufiger an Harald wahrnahm, machte ihn für mich nur noch interessanter. Ungeduldig wartete ich auf seinen Heiratsantrag. Ich sehnte mich nach der Sicherheit, dass ich diesen Mann nicht mehr verlieren würde.

In Tagträumen stellte ich mir vor, wie er sich irgendetwas Originelles à la Traumhochzeit überlegen würde, um mich zu fragen, ob ich seine Frau werden wolle, aber es war dann doch eher eine nüchterne Angelegenheit ohne Kitsch und Sentimentalität.

Wir waren zum Mittagessen in die Kantine gegangen und standen in der Schlange. Während ich meinen Salatteller aus dem Büffet zog und Harald ein Putenschnitzel bestellte, fragte er, ohne mich anzuschauen: »Wollen wir nicht heiraten?« Er nahm sich Besteck aus dem Kasten und schob sein Tablett weiter.

»Okay. Im September«, erwiderte ich über die Schulter hinweg, während ich mit dem Tablett einen freien Tisch anstrebte.

Und das war unsere Verlobung.

Unseren Entschluss teilten wir auch unseren Freunden und Familien mit, die ziemlich erstaunt waren. Schließlich kannten wir uns noch nicht lange. Aber für mich war klar, einen Besseren als Harald findest du nicht mehr in deinem Leben.

Ohne Wehmut verabschiedete ich mich aus meiner WG mit Beatrice, die zum Glück schnell eine neue Mitbewohnerin fand, und bezog mit Harald unsere erste gemeinsame Wohnung.

Mittlerweile hatten wir uns doch schon einige Male gestritten, aber wir hatten uns immer schnell versöhnt und uns gegenseitig versichert, wie sehr wir uns brauchten und liebten.

Damals war alles noch ganz einfach.

»Ich brauche ein Paar neue Schuhe«, sagte Harald an einem Samstagmorgen. Ich blickte auf seine weißen Slipper und konnte nur zustimmen.

Er nahm sich das gesamte Geld aus der Haushaltskasse und verabschiedete sich gegen zehn Uhr.

Gegen 15 Uhr kamen Arne und Meggie zu Besuch, mit denen wir einen Spielenachmittag geplant hatten.

Enttäuscht erkundigten sie sich nach Harald. Zu dritt war Rommee nicht so spannend.

Ich zuckte nur die Schultern. »Der ist in die Stadt, sich Schuhe kaufen. Er kommt sicher gleich. Wir können ja schon mal eine Partie spielen.«

Um 18 Uhr tauchte Harald wieder auf. Ohne Schuhe und ohne Geld.

»Was ist passiert?«, fragte ich.

»Ich habe nichts Passendes gefunden«, antwortete er frustriert. »Ich war den ganzen Tag unterwegs, aber es war wie verhext. Und dann habe ich auch noch das Geld verloren.«

Ich sah, dass sich Arne und Meggie bedeutungsvolle Blicke zuwarfen.

Ich hatte keine Ahnung, wie ich auf diese Nachricht reagieren sollte. Dass etwas nicht stimmte, war mir auch klar – nur was? Harald behauptete, er wäre, nachdem er so viel Pech in den Schuhgeschäften gehabt hätte, am Main spazieren gegangen.

Seine Geschichte, wie er das Geld verloren habe, war so

dubios, dass selbst ich mir nicht mehr einreden konnte, sie hätte irgendwas mit der Wahrheit zu tun.

Es war der erste Abend, an dem eine Krise anhielt. Die Stimmung ließ sich nicht mehr herstellen.

Arne und Meggie äußerten sich nicht weiter zu dem Vorfall, aber ich wusste, dass sie darüber reden würden, als sie sich gegen neun Uhr – viel zu früh für einen Samstagabend – verabschiedeten.

Ich ging kurz darauf auch ins Bett, wusste nicht, was ich sagen sollte. Ich hatte Magenschmerzen bei der Vorstellung, dass das Geld irgendwo durch die Luft flatterte oder ihm in einem Schuhgeschäft aus der Tasche gefallen war. Dieses sauer verdiente Geld ...

Es war nicht das letzte Mal, dass Harald mit Barem in der Tasche verschwand und ohne einen Pfennig zurückkehrte.

Im Freundeskreis wurde es zum Running Gag, wenn mein Partner auf geheimnisvolle Tour ging und Verabredungen nicht einhielt: »Na, ist Harald wieder Schuhe kaufen?«

Ich fand es nicht zum Lachen.

7. KAPITEL

Im September wollten wir heiraten.
Ich freute mich wie ein Schneekönig darauf. So unromantisch unsere Verlobung gewesen war, so aufwändig und unvergesslich sollte unsere Hochzeit werden.

Ich wollte das schönste Kleid, ganz viele Gäste, alle meine Freunde in einem großen Saal.

Ich hatte etwas gespart, meine Eltern und Hanne und Udo würden sich auch beteiligen. Wir konnten richtig aus den Vollen schöpfen, genau so, wie ich es mir für meine Hochzeit immer erträumt hatte.

Am letzten Wochenende im August fuhr Harald mit 1000 Mark in der Tasche in die Stadt, um sich einen Hochzeitsanzug und Ringe zu kaufen. Ich fragte, ob ich nicht mitkommen solle, ich könnte ihn doch gut beraten, aber er lächelte geheimnisvoll: »Ich will dich doch überraschen, Schatz.«

Das gelang ihm.

Er kehrte ohne Geld, ohne Anzug und ohne das Symbol unserer geplanten Ehe zurück.

Das war der Moment, wo ich die Augen nicht mehr fest verschließen und alles Unfassbare verdrängen konnte.

Ich würde mir auch keine Ausreden mehr anhören.

Harald stand vor mir mit seinem verschleierten Blick, doch ich fand es nicht mehr erotisch, nur noch unheimlich.

Ich wollte jetzt wissen, was los war, wunderte mich selbst, wie hart ich ihn um eine Stellungnahme bat. Diese Seite kannte ich noch nicht an mir, aber es ging um das Ereignis, das das größte und schönste in meinem Leben sein sollte und der Auftakt zur Familiengründung, die ich mir ohne Vertrauen, Ehrlichkeit und beiderseitigem Verantwortungsgefühl nicht vorstellen wollte.

War er vielleicht bereits verheiratet und musste eine Familie versorgen? Oder war er vielleicht in ein Verbrechen verwickelt?

Die wildesten Vermutungen schossen mir durch den Kopf, doch das, was er mir dann beichtete, war so unsinnig, dass ich dachte, ich wäre in einem absurden Traum gefangen.

»Ich habe das Geld in einer Spielhalle verloren. Es war nicht das erste Mal.«

Ich schätze, es verging fast eine Minute, bevor ich einen Satz herausbrachte. »Ich verstehe nicht ...«, flüsterte ich hilflos und musste mich räuspern, weil meine Stimme zu versagen drohte.

Ich nahm wahr, wie sich in Haralds Augen Tränen bildeten. Heute weiß ich, dass sie nicht nur der Reue entsprangen, sondern auch der Erleichterung. Endlich konnte er sich mir anvertrauen und nun die Verantwortung mit mir teilen.

Harald begann so sehr zu weinen, wie ich es noch nie bei einem Mann erlebt hatte.

Er heulte Rotz und Wasser und wischte sich mit dem Ärmel über die Augen, setzte sich an den Esstisch und verbarg sein Gesicht in der Armbeuge.

»Ich bin ein Versager, Anke. Ich hab dich nicht verdient. Ich werde dich ins Unglück stürzen, wenn wir heiraten.«

Fassungslos beobachtete ich diese Szene. Es kam mir vor, als sei ich aus meinem Körper geschlüpft.

Die hilflose Wut darüber, dass das Geld weg war, überlagerte den Anfall von Mitleid, der mich angesichts Haralds Verzweiflung überkam. Deswegen schaffte ich es, das leichte Verlangen, tröstend den Arm um ihn zu legen, zu unterdrücken. Stattdessen setzte ich mich ihm gegenüber, schob ihm eine Packung Tempotücher zu und wartete ab.

Als er sich einigermaßen beruhigt hatte, stand er auf und murmelte: »Es tut mir Leid.« Dann wollte er sich ins Schlafzimmer zurückziehen.

»Setz dich bitte hin! Ich will jetzt mit dir reden.«

»Okay ...«

Ich beugte mich vor, doch er wich meinem Blick aus. Er schämte sich für seine Tränen, aber ich würde an diesem Abend keine Rücksicht nehmen.

»Ich hab doch schon lange gewusst, dass irgendwas nicht in Ordnung ist. Ich verstehe es aber trotzdem immer noch nicht. Du warst mit dem Geld in einem Casino und hast es auf die falsche Zahl gesetzt, oder wie?«

Harald war ganz kleinlaut. Doch während er mir antwortete, wurde er immer redseliger, als wollte etwas aus ihm ausbrechen. »Ich war noch niemals in einem Casino, immer nur in Spielhallen.«

»Du meinst diese Läden mit Billardtischen und Automaten?« In Spielhallen gingen Jugendliche, die nichts Besseres mit ihrer Zeit anzufangen wussten, aber doch nicht erwachsene Männer mit dem mühsam ersparten Hochzeitsgeld! So etwas gab es doch gar nicht!

»Ja, genau, davon gibt es einige in der näheren Umgebung. Ich kenne sie alle gut. Ich spiele, seit ich 16 bin ... Ich bin damals mit Jürgen in die Spielhallen zum Billardspielen gegangen, und habe dort die Faszination der Automaten entdeckt.« Er lächelte, als er fortfuhr: »Beim ersten Mal hab ich fünf Mark eingeworfen, und 120 Mark in Münzen klimperten heraus. Ich höre das Geräusch heute noch. Es war bis dahin das größte Glücksgefühl meines Lebens.«

»Okay, okay, schlimm genug. Aber wo ist das Restgeld?«

Harald schwieg und begann, an seinen Fingernägeln zu kauen. Er sah aus wie der unsichere 16-jährige Jugendliche von damals, dem eine Strafpredigt gehalten wurde.

Als keine Antwort kam, sickerte die Erkenntnis in mein Hirn. »Du willst doch nicht sagen, dass du die 1.000 DM in einen Automaten geworfen hast?«

»Nicht in einen. In drei. Ich war mehrere Stunden dort.«

Ich schüttelte ungläubig den Kopf, während ich mir das vorzustellen versuchte. »Und das machst du regelmäßig, ja? Deswegen bist du immer so knapp bei Kasse.«

Viele Situationen aus unserer Beziehung fielen mir ein, die ich auf einmal einordnen konnte.

Ich hatte Schwierigkeiten, die einstürzenden Informationen und durcheinander wirbelnden Erinnerungen zu verarbeiten. Auf einmal fühlte ich mich unendlich allein in einem grauen Nebel.

Das Geld für die Hochzeit im Spielautomaten verzockt! War da nicht die einzig richtige Konsequenz, die Hochzeit abzublasen?

Wer würde uns denn noch Geld leihen? Wir konnten ja

nicht erklären, wo die ersparten 1.000 DM gelandet waren?

Ich merkte nicht, dass ich mich mit dem Ringen um eine Erklärung für »die anderen« bereits zu diesem Zeitpunkt in Haralds Sucht einbinden ließ. Mir war die Tragweite seines Verhaltens nicht bewusst. Ich hielt es für Überbleibsel aus Haralds Jugend, so wie viele Jugendliche mit 14, 15 Jahren anfangen zu rauchen und dann, wenn sie erwachsen sind, wieder damit aufhören. Anders konnte das doch mit Haralds Zockerei auch nicht sein? Für mich stand fest, dass es nur eine Frage der Zeit war, bis er diese »Passion« überwunden hatte.

Ich würde ihm dabei helfen.

»Kannst du mir erklären, wo für dich der besondere Reiz bei diesen Spielautomaten liegt? Warum ›musst‹ du spielen, wenn du doch weißt, wie viel finanziellen Schaden du damit anrichtest.«

»Das habe ich mich auch oft selbst gefragt, Anke. Ich denke, es ist die Ruhe vor den Automaten. Das klingt paradox, da es ja überhaupt nicht ruhig ist. Aber die blinkenden Lichter um mich herum, das Rotieren der Rollen, das klimpernde Geräusch, wenn das Geld einfällt, das Rasseln, wenn Münzen herausfallen ... Es beruhigt mich. Ich kann mich ganz darauf konzentrieren und vergesse all meine Probleme.«

»Probleme? Du hast doch keine Probleme! Ich meine, unsere Beziehung ist doch wunderbar. Oder etwa nicht?«, fügte ich ein bisschen ängstlich hinzu.

Harald nickte. »Doch, unsere Beziehung ist das Beste.« Mehr sagte er nicht, und ich merkte auf einmal, wie wenig ich doch von ihm wusste. Ich wünschte mir, ich könnte in seinen Kopf hineinkriechen und alle Gedanken, Erfahrungen, Erinnerungen lesen, um da anzusetzen, wo er Hilfe brauchte.

Er hatte mich tief verletzt und enttäuscht.

Aber ich würde ihn nicht im Stich lassen.

Harald hatte Mist gebaut, ziemlich üblen sogar, aber wer ist schon fehlerlos? Er hatte mich, wir hatten uns, gemeinsam würden wir jede Hürde nehmen.

Ich nahm ihn nun doch in den Arm, als ich sah, dass er schon wieder mit den Tränen kämpfte.

»Hey ... komm, wir kriegen das schon wieder hin«, sagte ich zärtlich, als wäre nicht eigentlich ich diejenige, die getröstet werden müsste.

Er wandte sich von mir ab. »Ich weiß es nicht«, sagte er. »Ich hab Angst um dich, Anke.«

»Um mich? Um Himmels willen.« Mein Lachen klang fremd und unnatürlich.

»Ich weiß wirklich nicht, ob ich gut für dich bin«, sagte er.

»Du bist das Beste für mich ...« Harald bedeutete mir einfach zu viel, als dass ich ihn jetzt fallen lassen konnte. Ich bin ein durch und durch emotionaler Mensch und lasse mich oft von meinen Gefühlen leiten, ohne weiter nachzudenken.

Harald erzählte mir, dass seine Beziehung zu meiner Vorgängerin, Marie, in die Brüche gegangen war, weil sie mit seiner Spielsucht nicht klarkam. Deswegen hatte er es auch vor mir verborgen, weil ich ihm so wichtig war.

»Ich werde hart an mir arbeiten, Anke«, erklärte er, als wir später zusammen im Bett lagen. »Ich bin ein suchtanfälliger Mensch, aber ich werde die Kraft aufbringen, mich von allem zu befreien. Ich werde nicht mehr rauchen, keinen Alkohol mehr trinken, keinen Kaffee, und ich werde mich bemühen, nicht mehr zu zocken. Ich will gut für dich sein, Anke, wenn es dir gut geht, bin ich auch glücklich.«

Ich wollte ihm so gerne glauben, aber der Schmerz um den Verlust der 1.000 DM war noch zu frisch. Wie viel er wohl bislang schon verspielt hatte? Lieber erst gar nicht anfangen nachzurechnen!

All die Situationen kamen mir in den Kopf, in denen Harald sich seltsam verhalten hatte und die ich nun eindeutig als »Suchtanfälle« identifizieren konnte.

Ich gab ihm einen Kuss auf die Wange und drehte mich zur Seite. Schlaf fand ich in dieser Nacht nur wenig. Stattdessen zerbrach ich mir den Kopf darüber, was Harald zum Spielen brachte. Für mich war das unverständlich. Man warf fünf Mark aus Langeweile in einen Automaten, und wenn man keine Lust mehr hatte, ließ man es wieder sein, und wenn man kein Geld hatte, fing man erst gar nicht damit an.

Was war daran schwierig?

Er würde seine Probleme beim Spielen vergessen und Ruhe empfinden ... Hm, nun, so eine Träumerin war ich nicht, dass ich annahm, ich könnte ihm alle Hindernisse aus dem Weg schaffen und ihm ein sorgenfreies Leben bieten. Er musste lernen, mit Problemen anders fertig zu werden, sie anzunehmen und sich logisch damit auseinander zu setzen, anstatt sich zu betäuben.

Ob Harald das bewusst war? Ob er das Potenzial besaß, sich selbst sozusagen zu »therapieren«?

Ich fand seinen Plan, alle »Süchte« gleichzeitig aufzugeben, radikal, aber er hatte sich so überzeugt angehört, dass ich ihm vertrauen und an ihn glauben wollte.

Den Rest der Nacht verbrachte ich damit, mir Sätze zurechtzulegen, die ich gegenüber meinen Eltern und den Schwiegereltern brauchen würde, um zu erklären, warum Harald sich keinen Hochzeitsanzug gekauft hatte.

Ich war an Haralds Seite, Hand in Hand mit ihm.

Ohne Umwege auf den Abgrund zu.

8. KAPITEL

Wir führten in den nächsten Tagen viele Gespräche miteinander, bei denen wir uns sehr zusammengehörig fühlten. Es tat Harald gut, sich endlich alles von der Seele zu reden, und da er in den nächsten Tagen und Wochen auch abends zu Hause war, hatte ich das sichere Gefühl, dass er sich nun im Griff hatte.

Auf Kaffee verzichtete er eineinhalb Tage, auf Zigaretten drei, und zum ersten Bier griff er nach zwei Wochen. Das war alles nebensächlich für mich, solange er nur keine Spielhalle besuchte.

An einem Abend erzählte mir Harald, wie er seine Kindheit erlebt hatte. Es war kein chronologischer Abriss, sondern eine Ansammlung von Schlaglichtern, die mich ahnen ließen, wie zerrissen er sich heute noch fühlen musste.

Die Aufmerksamkeit seiner Mutter gehörte von Geburt an seinem geistig und körperlich behinderten Bruder Rutger, der im Rollstuhl saß und Vollzeitpflege brauchte.

Harald lief als intelligenter, angepasster, liebenswerter Junge nebenbei mit. Er achtete stets darauf, seiner Mutter keinen Kummer zu bereiten, weil er von klein auf spürte, dass er derjenige sein sollte, auf den sie stolz war.

Zu seinem leiblichen Vater Günther Tillmann unterhält Harald seit dem 13. Lebensjahr keinen Kontakt mehr.

Vater-Sohn-Gespräche oder gemeinsame Unternehmungen hatte es für ihn nie gegeben. Die erste Geschichte, die ihm einfiel, wenn er an seinen Vater dachte, war die von dem piepsenden Wellensittich, den sein Erzeuger auf der Treppe mit dem Schuhabsatz zertrat, weil er ihm lästig war.

Ein anderes Mal warf er eine Katze aus dem zweiten Stock des Hauses, weil er behauptete, die würden immer auf die Beine fallen und sich nichts brechen. Harald sollte bei diesem Experiment zusehen und weinte dabei, ohne den Versuch zu unternehmen, seinen Vater daran zu hindern. Er hatte sowieso keine Chance als kleiner Junge gegen den Erwachsenen. Empörte Nachbarn brachten die jammernde schwer verletzte Katze zu einem Tierarzt, wo sie eingeschläfert wurde.

Vieles hat Harald verdrängt oder vergessen. Er wusste nur vage, dass »Günther« innerhalb der Großfamilie als nicht »ganz normal«, als »Psychopath« im weitesten Sinne galt.

Sein Bild von seinem Vater wurde bestimmt von einem unrasierten Mann, der im Morgenmantel auf der Couch lag, und als Harald in die Pubertät kam, bestand das »Aufklärungsgespräch« darin, dass sein Vater ihm seinen eigenen Penis zur Musterung zeigte.

Harald weiß noch genau, wie peinlich ihm das damals war. Aber sein Vater missachtete seine Scham. Ob aus Sadismus oder Unsensibilität oder aus der Überzeugung heraus, dass er seinem Sohn etwas »Gutes« tat – das ist heute nicht mehr nachzuprüfen.

Die Scheidung verlief traumatisch für Harald, wie für die meisten Söhne und Töchter, deren Eltern sich nicht in Frieden und zum Wohl der Kinder trennen.

Er bekam jeden Streit, jeden Wutanfall, jede Aggression mit. Wenn er nicht mehr wusste, wohin mit seiner Angst, nahm er Anlauf und lief mit dem Kopf gegen die Wand, immer und immer wieder, bis er blutete und den Schmerz kaum noch ertragen konnte.

Als sein Bruder Rutger mit 13 Jahren starb, hasste sich Harald selbst wegen seiner widerstreitenden Empfindungen. Einerseits die Trauer um den großen Bruder, andererseits die Erleichterung, dass diese Last von Mutters Schultern genommen wurde.

Die Hoffnung, dass sie sich nun auf ihn konzentrieren würde, war allerdings trügerisch, denn Hanne war viel zu sehr mit sich selbst und ihrer verzweifelten Lebenssituation beschäftigt, als die Seelennot ihres kleinen Gymnasiasten zu bemerken. Er brachte gute Noten nach Hause, er spielte Fußball, er hatte Freunde, er war charmant, beliebt, sah gut aus – so ein Kind brauchte keine Hilfe, das konnte man den Verwandten mit all ihren heilen Familien und den vielen gut geratenen Söhnen und Töchtern präsentieren. Seht her, ich mach nicht alles verkehrt. Mein Sohn Harald geht seinen Weg.

Bei dem Scheidungstermin der Eltern musste Harald vor Gericht aussagen.

Sein Vater ignorierte ihn vollständig und gab ihm zu verstehen, dass er nichts mehr mit ihm zu tun haben wolle. Harald war 12 Jahre alt.

Von allen Seiten bekam Harald zu hören, was für ein Mistkerl sein Vater sei. Die Mutter, die Tanten, die Omas, keine ließ ein gutes Haar an »Günther«, der Hanne ins Unglück getrieben hatte.

Das Fatale war, dass die meisten Verwandten im nächsten Satz lächelnd anmerkten: »Harald, ganz der Vater ...« Wahrscheinlich meinten sie damit sein Aussehen oder seine gewandte Art im Umgang mit anderen, aber Harald bezog diese Bemerkungen auf seine ganze Person. Ein solcher Mistkerl sollte er sein, ein verabscheuungswürdiger Psychopath ohne Verantwortungsgefühl ...

Wahrscheinlich kümmern einen solche Bemerkungen nicht, wenn man ein gutes Selbstbewusstsein hat, aber Harald war nicht nur labil, sondern auch hypersensibel. Ihm fehlte die innere Stärke, um sein eigenes Ego zu entwickeln.

Harald hasste seinen Vater, und als seine Mutter einen neuen Partner kennen lernte, erhielt seine Einstellung zu Männern einen weiteren Knacks. Den Schilderungen Haralds zufolge, muss dieser Ulrich ein Sadist gewesen sein. Er schlug Hanne und bedrohte auch den Stiefsohn. Schon wenige Wochen nachdem Ulrich bei ihnen eingezogen war, konnte Harald nur noch mit einem Messer unter der Bettdecke einschlafen.

Harald wollte weg von seinem aggressiven Elternhaus, es zog ihn nach draußen, hinein in die Spielhallen, wo alles blinkte und leuchtete und wo er sich am Geldautomaten die Ruhe und den Kick holen konnte, der sein Leben lebenswerter erscheinen ließ.

Es ist sicher zu einseitig, die »Schuld« nur beim Elternhaus zu suchen. Männer – Frauen eher selten – werden auch spielsüchtig, wenn sie eine harmonische Kindheit hatten.

Ob es eine generelle Veranlagung zur Sucht gibt, ist mir auch nicht klar. Es gibt Jugendliche, die trinken übermäßig Alkohol und konsumieren Drogen und werden von beidem nicht abhängig, aber dann werfen sie die erste Mark in einen Automaten, gewinnen eine Serie und sind wie besessen, können es nicht mehr lassen.

Und es gibt Gelegenheitsspieler, die hin und wieder in einer Kneipe ein paar Münzstücke in einen Automaten werfen, ohne von diesem Spiel abhängig zu werden.

Warum werden sie nicht süchtig? Was haben sie, was sie schützt?

Ich tappte zu dieser Zeit im Dunkeln und glaubte, wenn ich nur alles analysieren würde, die Beweggründe für sein Verhalten herausfände, würde sich eine Lösung von selbst anbieten.

Harald erschien mir wie ein Mensch mit zwei Gesichtern. Diese perfekte Rolle, die Harald in Gesellschaft spielte – war das tatsächlich alles nur antrainiert? Als er da so heulend vor mir saß an jenem Abend, kam es mir vor, als besäße er überhaupt kein eigenes Ich. Ich hatte den Eindruck, ein hilfloses, haltloses Bündel verschiedenster Eigenschaften und Erfahrungen vor mir zu haben, das nicht zu einem starken Ganzen zusammengebracht werden konnte.

Zu diesem Zeitpunkt kurz vor unserer Hochzeit wandte ich viel Zeit auf, um Harald zu »durchdringen«, um herauszufinden, wo ich meine Hilfe ansetzen musste.

Es war das Falscheste, was ich überhaupt für ihn tun konnte.

Und auch für mich.

9. KAPITEL

Trotz des Vorsatzes, ihn mit all meiner Kraft zu unterstützen, stand mein Verstand nun auf Alarmstufe rot.

Es handelte sich schließlich nicht um drei Mark fünfzig, sondern um die tausend Mark, die wir uns zusammengespart hatten und die nun in einem verdammten Spielautomaten lagen – oder bereits in der Tasche seines Besitzers.

In mir tobten widersprüchliche Emotionen – Wut auf Harald, bedingungslose Liebe für ihn und Verzweiflung darüber, wie wir die Hochzeit nun organisieren sollten.

Und auch Scham ... Wenn jemand erfuhr, auf welche Art uns das Geld abhanden gekommen war ... Wer würde für so ein Verhalten Verständnis zeigen?

Als Harald am nächsten Tag zur Arbeit fuhr, nahm ich mir frei. Ich brauchte dringend jemanden zum Reden, musste meine sich im Kreis drehenden Gedanken mit einem Menschen teilen, den ich schätzte und dem ich vertraute.

Vielleicht hoffte ich auch darauf, dass mir jemand klipp und klar sagte, vergiss diesen Mann. Allein war ich zu dieser Entscheidung nicht fähig.

Zunächst rief ich meinen alten Freund Lukas an, ob er

mich in der Stadt treffen könnte, doch er hatte keine Zeit. Dann versuchte ich, Beatrice zu erreichen, die aber war im Urlaub, und schließlich noch Arne, der sich tausendmal entschuldigte, weil er einen wichtigen beruflichen Termin wahrnehmen musste.

Es war wie verhext.

Ich fuhr alleine in die Stadt, und ich erinnere mich, wie ich auf einer Rolltreppe im Einkaufszentrum stand und überlegte: Was tust du jetzt? Wie kommst du aus diesem Dilemma heraus? Ich war niedergeschmettert und fasste tatsächlich für ein paar Minuten ernsthaft den Entschluss, die Hochzeit abzusagen.

Aus einer öffentlichen Telefonzelle auf der Zeil rief ich Harald im allbuy an.

»Wie soll es bloß mit uns weitergehen?«, fragte ich ihn und fing an zu heulen.

»Hey, Schatz ...« Harald klang so zärtlich, so wie früher, als ich noch auf Wolke sieben schwebte. »Ich verspreche dir, es war das letzte Mal. Es kommt niemals mehr wieder vor. Du kannst dich auf mich verlassen.«

Ich horchte auf und wischte mir die Tränen weg. »Versprichst du mir das?«

Ich hörte den tiefen Ernst in seiner Stimme und weiß heute auch, dass er es in diesem Moment so ehrlich meinte wie niemals zuvor und niemals danach.

»Verlass dich auf mich. Es war das letzte Mal. Es kommt nicht wieder vor. Gemeinsam werden wir das schaffen.«

»Ich liebe dich«, sagte ich erleichtert.

Es war das letzte Mal ...

Dann würde alles wieder gut werden.

Wenn dir ein Süchtiger, den du liebst, zum ersten Mal sagt: Es kommt nicht wieder vor, dann glaubst du ihm.

»Ich liebe dich auch«, sagte er.

Manchmal denke ich, wenn ich an jenem Nachmittag in der Stadt einen meiner guten Freunde getroffen hätte, wenn mir jemand wie Lukas, auf dessen Meinung ich großen Wert lege, gehörig den Kopf gewaschen hätte ... Dann hätte sich mein Leben vielleicht in eine andere Richtung entwickelt.

Vielleicht hätte ich den Absprung gewagt und die Beziehung zu Harald beendet.

Aber andererseits hätte ich ihm wahrscheinlich mein Leben lang nachgetrauert, immer in der Ungewissheit, ob wir nicht doch das Traumpaar des Jahrhunderts hätten werden können.

Meine Eltern hatten mir immer vermittelt, dass »Liebe Berge versetzen kann«. Dieses Urvertrauen war tief in mir verankert.

Es war das erste Mal, dass ich den Dispositionskredit in Anspruch nahm, als das Geld für die Ringe und die Kleidung verzockt war.

Von zu Hause kannte ich es nicht, dass man »auf Pump« lebte. Bei mir war »null« immer die äußerste Grenze gewesen, lieber hatte ich noch ein paar Mark in Reserve.

Nun aber gab es keine andere Möglichkeit, den Schaden wieder auszugleichen. Es bereitete mir Magenschmerzen, aber ich rechnete mir akribisch aus, wie lange wir brauchen würden, um aus den »Miesen« wieder herauszukommen.

Zum ersten Mal mussten wir uns dafür »krumm« legen, dass Harald Geld verspielt hatte.

Wie hätte ich ahnen können, dass es in den nächsten Jahren zu meinem Alltag werden würde, um unsere Existenz zu kämpfen? Und dass ich einmal davon träumen würde, das Konto sei nur um ein paar Hundert Mark überzogen.

Die Ringe waren bereits bestellt und mussten bezahlt werden, doch der Anzug fiel anders aus als ursprünglich geplant. Wir kauften einen ganz preiswerten in einem Kaufhaus.

Doch bei der Hochzeit wollte ich nicht sparen. Ich half meinen Eltern auf der Kirmes und verkaufte 14 Stunden täglich Glühwein, um Geld für das große Fest zu verdienen. Mir war es wichtig, im ganz großen Stil zu feiern, mit allem Drum und Dran, denn ich ging davon aus, dass dies eine einmalige Sache sein würde, die ich mein Leben lang in bester Erinnerung behalten wollte. Dafür wollte ich alles tun.

Und mein Einsatz lohnte sich: Unsere Hochzeit wurde zu einer riesengroßen Party mit all unseren Freunden und vielen Verwandten, mit einer Drei-Mann-Band und einem phantastischen Büffet in der Gaststätte meiner Eltern.

Ich war enthusiastisch und aufgedreht, trank viel Wein und knutschte mit Harald in jeder freien Minute, wenn ich nicht gerade, mit hoch gerafftem Brautkleid, auf dem Tisch steppte.

Ich kann auch sonst ausgelassen wie ein Kind sein, das

Gefühl, die ganze Welt umarmen zu können, ist mir sehr vertraut. Aber an diesem Abend war ich vollkommen außer Rand und Band, so übermütig wie nie zuvor. Es war die Freude darüber, dass ich nun am Ziel meiner Wünsche war, es war aber auch ein Abtanzen, ein temperamentvolles Wegschlagen aller Schwierigkeiten.

So unbeschwert wollte ich immer bleiben. Dass unsere Beziehung nun von Staat und Kirche besiegelt und abgesegnet war, würde auch Harald Halt und Sicherheit geben. Er würde Verantwortung übernehmen, Kinder mit mir zeugen, vielleicht schafften wir es sogar, auf ein Häuschen zu sparen?

Die Gäste hatten wir vorher wissen lassen, dass wir uns gerne Möbel für unsere neue Wohnung anschaffen würden und deswegen Geldgeschenke willkommen wären.

Wir bekamen fast 2.000 DM, doch als wir nach der Feier die Umschläge öffneten, spürte ich einen Kloß im Hals. Ein großer Teil des schönen Geldes, das wir für Möbel ausgeben wollten, würde für die Tilgung des Dispokredits draufgehen.

Wir würden uns das Billigste von den Auslaufmodellen aussuchen müssen, um den Verwandten überhaupt vorführen zu können, was wir uns von dem Hochzeitsgeld angeschafft hatten. Es reichte gerade für einen einfachen Esstisch mit vier Stühlen.

Nach der Hochzeit machten wir mit Lukas und seiner Freundin Bettina, die auch unsere Trauzeugen waren, eine Woche Urlaub in Holland in einem Ferienhaus. Hier konnten wir uns von den Strapazen der Organisation wunderbar erholen. Wir wanderten am Strand entlang und saßen abends mit Grog vor dem Kamin. Es war früher Herbst.

Harald und ich liebten uns so sehr, und die Zukunft lag in den schönsten Farben vor uns.

Der Vorfall mit den 1.000 DM geriet in Vergessenheit.

Zwei Monate später war ich schwanger, unser erster Sohn kündigte sich an.

Wir freuten uns auf das Baby, aber wir zweifelten, ob wir mit nur einem Verdienst auskommen würden. Damals wohnten wir in einer Dreizimmer-Dachgeschosswohnung in einem Dorf, konnten uns aber nur ein Auto leisten. Als Sven auf die Welt kam, fiel mir schon nach wenigen Wochen die Decke auf den Kopf.

Harald brauchte den Wagen, um zur Arbeit zu kommen, und ich war auf meine Nachbarschaft angewiesen, wenn mir mal nach einem Gespräch zu Mute war, und konnte nicht spontan meine Freunde besuchen. Leider gab es auch keine Frauen in meinem Alter und keine kleinen Kinder.

Ich war todunglücklich und fühlte mich von allem abgeschnitten. Jeden Morgen blieb ich nach dem gemeinsamen Frühstück zurück mit dem Baby. Mein Tag bestand aus Wäschewaschen, Staubsaugen und Babypflege, was mich überhaupt nicht ausfüllte. Außerdem merkten wir schnell, dass der zweite Verdienst fehlte. Wir mussten nicht nur auf jede Art von Luxus verzichten, sondern auch noch unsere wöchentlichen Haushaltskosten reduzieren, um über die Runden zu kommen.

Nach einem halben Jahr tüftelten wir einen komplizierten Plan aus, der es mir ermöglichte, drei Tage die Woche wieder zu arbeiten. Sven brachten wir an diesen Morgen zu Hanne und Udo, abends holten wir ihn gemeinsam wieder ab und fuhren zu dritt nach Hause.

Ich verdiente etwa 400 DM dadurch hinzu, aber das Konto verbesserte sich nicht.

Den Dispokredit hatte ich zwar zunächst ausgeglichen, aber nachdem die Hemmschwelle schon einmal überwunden war, nahm ich ihn dann mit immer weniger Bedenken in Anspruch: Anfangs ging es nur darum, dass Ende des Monats kein Geld mehr für Lebensmittel vorhanden war, aber später kamen auch unvorhergesehene Ausgaben wie eine Autoreparatur oder eine neue Waschmaschine, weil die alte ausgedient hatte, hinzu. Nun hatte Harald seine Spielsucht überwunden, und trotzdem waren wir knapp bei Kasse. Ich kontrollierte die Konto-Auszüge nur oberflächlich, warf wöchentlich nur einen Blick auf den aktuellen Stand, der langsam aber stetig immer mehr Minus anzeigte.

Ich versuchte unsere finanzielle Situation zu verdrängen, ohnehin fühlte ich mich schon überfordert mit dem kleinen Kind, dem Haushalt und meinem halben Job. Aber als der Dispokredit von 4.000 DM voll ausgeschöpft war, nahm ich mir die Zeit, nach den Ursachen zu forschen.

Ich nahm mir meine Schublade für »wichtige Unterlagen« vor, in der Versicherungsscheine, Rechnungen und Kontoauszüge wild durcheinander lagen. Sorgfältig suchte ich alle Mitteilungen der Sparkasse zusammen, ordnete sie nach Datum und Zahl und heftete sie in dem länglichen Pappordner ab, der noch unbenutzt in derselben Schublade lag.

Nach nur wenigen Seiten fiel mir auf, dass Harald seine EC-Karte mindestens einmal die Woche benutzte. Mal waren es 200 DM, mal 400 DM.

Mir wurde abwechselnd heiß und kalt. Nein, nur das nicht ...

Als er am Abend nach Hause kam, stellte ich ihn noch während des Essens zur Rede.

»Warum hast du so viel Geld abgehoben! Du weißt, dass ich mich abrackere, um aus den Schulden herauszukommen, und du hebst einfach munter weiter ab! Was hast du mit dem Geld gemacht!« Mein Herz schlug dabei heftig gegen die Rippen.

Ich verspreche dir, es war das letzte Mal.

Er hatte nicht gespielt, er hatte es mir doch versprochen, und wir hatten doch jetzt unseren Sven, dem wir Sicherheit und Geborgenheit bieten wollten.

Harald zog die Stirn in Falten. »Kann ich nicht mal in Ruhe essen? Nerv mich jetzt bitte nicht! Der Stress bei der Arbeit reicht mir schon ...«

»Ich will wissen, wo das Geld geblieben ist!«, forderte ich.

Du kannst dich auf mich verlassen.

»Muss ich dir über jeden Pfennig eine Rechnung vorlegen, oder was? Ich habe oft genug Wasserkästen und andere Getränke mitgebracht. Und dann war mal ein Umtrunk mit Kollegen, wie du weißt, und zwischendurch muss ich auch mal tanken. Zufrieden?«

Nein. »Aber du hast fast wöchentlich 400 DM ausgegeben! Erzähl mir doch nichts von Wasserkästen!« Ich hatte einen anstrengenden Tag mit Sven hinter mir, der oft an Bauchschmerzen litt und permanent getragen und getröstet werden musste.

Harald knallte sein Besteck auf den Tisch. »Mir ist der Appetit vergangen.«

Er stand auf, zog sich Schuhe und Jacke an und öffnete die Tür. Ich nahm Sven auf den Arm, der schon wieder angefangen hatte zu schreien, und rief Harald hinterher: »Wohin gehst du!«

Die Tür fiel hinter ihm hart ins Schloss.

»Hilf mir, Anke, ich schaffe es nicht allein, bitte verlass mich nicht, hilf mir ...« Es war drei Uhr in der Nacht. Ich hatte kein Auge zugetan, seit Harald nach Hause zurückgekehrt war.

Ich war gegen elf zu Bett gegangen und wach geworden, als er zwei Stunden später heimkehrte und sich in das Ehebett legte.

Harald war zwar sofort eingeschlafen, hatte sich aber schon wenig später wild im Schlaf gewälzt, offenbar von Albträumen gequält.

Ich hatte ihn an der Schulter geschüttelt. Als er schließlich erwachte und sich zu mir drehte, waren seine Augen voller Angst. Er war schweißnass, umarmte mich und weinte an meiner Schulter.

Ich hielt ihn fest, streichelte ihm mechanisch den Rücken, flüsterte beruhigende Worte und merkte, dass es mich seltsamerweise kalt ließ. Ich verweigerte ihm den Zuspruch nicht, aber innerlich berührte es mich nicht.

»Wie kann ich dir helfen? Was soll ich tun?«

»Du musst auf mich aufpassen. Nimm meine Kreditkarte. Du musst darauf achten, dass ich niemals einen Pfennig zu viel in der Tasche habe. Ich schaffe es sonst nicht, es wird uns in den Ruin treiben, wenn du mir nicht hilfst. Du musst auch das Konto für mich sperren lassen. Nur so habe ich eine Chance.« Er schluchzte, und sein ganzer Körper zitterte.

»Wie viel war es diesmal?«, fragte ich.

Er antwortete lange nicht, und ich wiederholte meine Frage.

»Ich glaube, knapp 500 Mark.«

Oh, Gott ... Ich sah den Kontostand vor meinen Augen, die Verzweiflung wuchs in mir wie ein Krebsgeschwür. Wie sollten wir das nur wieder ausgleichen? Ich drehte doch sowieso schon jede Mark dreimal um! Geld für Brot und Babynahrung rotierte in einem bunten Automaten. Er hätte es genauso gut aus dem Fenster werfen können oder verbrennen.

In dieser Nacht wurde mir die Tragweite von Haralds »Obsession« bewusst.

Er war krank, richtig krank, und er litt selbst darunter.

Seine EC-Karte einziehen? Ja, das würde ich auf jeden Fall tun, dann hatte ich zumindest die Sicherheit, dass er nicht spontan unser Haushaltsgeld verzockte und ich in die Bedrängnis kam, das Konto sogar über den Dispo hinaus zu überziehen, damit wir die Miete bezahlen konnten.

Aber wo blieb das partnerschaftliche Verhältnis, das die Basis einer guten Beziehung sein sollte? Ich wurde ja dadurch quasi zu seinem »Vormund« erhoben, wie eine Mutter, die ihrem Sohn das Taschengeld zuwies oder verweigerte, weil er ungezogen war.

Nun, erst mal war das eine vernünftige Maßnahme, obwohl es mir nicht behagte.

Harald hielt mich immer noch fest, aber sein Atem hatte sich beruhigt. Seine Hand begann zärtlich über meinen Körper zu wandern. Er wusste immer genau, was er tun musste, um mich zerfließen zu lassen. Aber ich riss mich diesmal zusammen.

»Was hältst du davon, wenn wir einen Termin bei Dr. Klinke vereinbaren?« Zu unserem Hausarzt hatten wir beide Vertrauen, obwohl Harald ihn erst dreimal wegen Infekten aufgesucht hatte.

Ich konnte mir gut vorstellen, dass der erfahrene Mediziner auch bei solchen Psychoproblemen Rat wusste.

Vielleicht konnte er uns Adressen von Selbsthilfegruppen nennen, vielleicht gab es auch eine Art Therapie für diese Sucht?

»Ja, Schatz, gute Idee. Machst du den Termin für mich?« Er küsste meinen Hals und wanderte mit den Lippen zu meinem Mund.

»Sag mal, weiß eigentlich außer uns jemand etwas von deiner Zockerei?«, fragte ich.

Er hielt in seinen Zärtlichkeiten inne und dachte einen Moment nach. »Nur meine Eltern«, sagte er dann.

Na klar! Dass ich darauf nicht selbst gekommen war. Er spielte, seit er 16 war. Sicher war Hanne das Verhalten ihres Sohnes aufgefallen. Betrogen und belogen hatte er sie sicherlich, ob er sie auch bestohlen hatte? Wie stark untergrub so eine Sucht die Moral?

Warum hatte Hanne mich nicht darauf vorbreitet?

Immer hatte sie ihren Sohn in leuchtenden Farben angepriesen. Wäre es nicht ihre moralische Pflicht gewesen, mich in Kenntnis zu setzen über diesen »Familienmakel«?

Es fiel mir leicht in dieser Nacht, meinen ganzen Zorn auf Hanne zu projizieren. Sie war nicht nur schuld, dass Harald süchtig geworden war, sie trug auch die Verantwortung dafür, dass wir finanziell so abgerutscht waren. Wenn ich es vorher gewusst hätte, hätte ich es verhindern können!

Ich war schon immer Weltmeisterin darin, mir in verzweifelten Situationen die Dinge zurechtzubiegen, um sie erträglich zu machen.

Ich verzichtete darauf, das Gespräch fortzusetzen.

Wir liebten uns.

10. KAPITEL

In den nächsten Wochen passierte das, was auch andere Mütter aus eigener Erfahrung kennen: Einerseits war ich froh, durch die stundenweise Arbeit mal wieder aus dem Haus zu kommen, andererseits vermisste ich tagsüber mein Kind und hatte ein schlechtes Gewissen, weil ich es mit einem halben Jahr bereits in andere Hände gab.

Zudem hatte meine Schwiegermutter ganz andere Erziehungsvorstellungen als ich.

Einmal hatten Harald und ich morgens einen heftigen Streit. Sven hatte uns die ganze Nacht wach gehalten, dann ließ ich aus Hektik auch noch die Milch überkochen, und Harald beschwerte sich, dass kein Hemd gebügelt sei. Ich weinte vor Erschöpfung und traf mit rotgeränderten Augen und Sven auf dem Arm bei Hanne ein.

Als wir unseren Sohn am Abend abholten, sagte sie: »Komm bloß nicht noch einmal so verheult hier morgens an. Was soll denn die Frau Mischke denken, meine Nachbarin?«

Aber natürlich! Die Nachbarn! Was gab es Wichtigeres, als den Nachbarn das ›junge Glück‹ vorzuführen! Es widerte mich an, aber ich hielt mich zurück.

Harald musste mit dem Wagen noch in die Waschanlage und wollte hinterher einkaufen. Mit dem Kleinen war das kein großes Vergnügen, deswegen wartete ich notgedrungen in der spießigen kleinen Wohnung, Sven auf dem Schoß, mit Hanne als Gesellschafterin, während ich aus einer albernen Sammeltasse entkoffeinierten Kaffee trank.

Als Sven seine Finger in den Mund steckte und anschließend mit seinen Händen auf den Tisch patschte, sprang Hanne sofort auf und holte einen Lappen, um die Flecken wegzuwischen.

Ich beobachtete es genervt, sagte aber nichts. Es war schließlich ihr Wohnzimmertisch. Sollte sie ihn polieren, wenn sie es so wichtig fand.

Hanne hatte ganz andere Wertvorstellungen als ich. Es war ihr zum Beispiel auch wichtig, dass Sven immer tipptopp gepflegt aussah, sie mochte es nicht, wenn er sich schmutzig machte, was mir persönlich völlig egal war.

Außerdem wollte sie, dass er, als er später anfing zu sprechen, die Nachbarn mit »Tante« und »Onkel« anredete, was ich völlig überholt finde.

Ich weiß, dass es Sven bei Hanne gut hatte. Sie pflegte und versorgte ihn zuverlässig, aber es störte mich, dass mein Kind in dieser kleinbürgerlichen Umgebung aufwuchs.

Mein größter Wunsch war, schnell wieder schwanger zu werden, um wenigstens wieder ein halbes Jahr lang zu Hause bleiben zu können und damit mein Kind diesem Einfluss zu entziehen.

Während ich Hanne beobachtete, wie sie an dem Tisch herumwischte und dann mit Sven ins Badezimmer ging, um ihm die Hände zu waschen, wurde mir klar, dass sie bestimmt auch bei Harald immer strengstens darauf geachtet hatte, dass er ›adrett‹ aussah.

Als sie zurückkehrte, platzte ich heraus: »Du weißt, dass Harald ein Spieler ist?«

Sie hätte fast den Kleinen fallen lassen, ließ ihn schnell auf den Teppich hinab, bevor sie sich hinten den Rock glatt strich und sich auf die vordere Kante des Sessels setzte. An ihrem Hals bildeten sich rote Flecken.

»Aber doch nicht mehr, Anke. Als Jugendlicher hat er mal so Dummheiten gemacht. Das ist längst vorbei.«

»Nein, ist es nicht«, erwiderte ich. Das Gespräch mit ihr war längst überfällig. Ich gab ihr nach wie vor die Hauptschuld an Haralds Suchtverhalten.

»Warum hast du ihn nicht zum Arzt geschickt, als es losging?«, fuhr ich sie an. »Vielleicht wäre damals, am Anfang, noch etwas zu retten gewesen.«

»Oh, Anke, wie furchtbar, dass er immer noch spielt. Ich dachte wirklich, es sei vorbei. Es war so eine schlimme Zeit für uns. Er hat uns bestohlen, wo er nur konnte, wenn wir ihm nicht freiwillig Geld gaben. Ich hatte solche Angst, dass er auf die schiefe Bahn gerät. Als er Marie kennen lernte, hörte er auf damit.«

Das wusste ich allerdings besser, behielt es aber für mich.

»Ich mochte Marie nicht besonders, sie benahm sich mir gegenüber immer sehr zickig, ging immer arrogant an den Nachbarn vorbei, ohne sie zu grüßen, wollte mit unserer Verwandtschaft nichts zu tun haben, aber ich war froh, dass sie Harald von der Spielerei wegbrachte. Einmal kam Harald in der Zeit zu mir, nahm mich in den Arm und sagte: ›Mama, ich hab es jetzt geschafft. Du kannst dich auf mich verlassen.‹ Ich war so glücklich darüber.«

Du kannst dich auf mich verlassen.

Hanne zerknüllte ein Taschentuch in ihren Händen.

»Als die beiden sich trennten, bekam ich eine Heidenangst. Obwohl«, sie beugte sich vertraulich vor, »Marie war nicht besonders ordentlich und fleißig. Was meinst du, wie Haralds Hemden aussahen, während er bei ihr lebte, und das bei seiner Anstellung in der Bank!«

Mir fiel meine ungebügelte Wäsche ein, die den Bettkasten inzwischen ausbeulte. »Verstehe.«

»Aber ich dachte, wenn Harald nach der Trennung in ein Loch fällt, fängt er vielleicht wieder an zu spielen. Ich hatte ihm sein Zimmer hier natürlich freigehalten, gar nichts daran verändert. Er zog gerne wieder ein. Hier hatte er es ja gut.«

»Du hast ihn wieder aufgenommen, obwohl er dich betrogen und beklaut hat?«

»Vorwürfe kann man leicht machen! Wart mal ab, bis dein Sven 18 ist, ob du ihm dann die Tür vor der Nase zuwirfst, wenn er dich braucht. So geht man nicht mit seinem Kind um. Ich hatte ja immer die Hoffnung, dass er stabil bleiben würde. Glaub nur nicht, dass ich es mir damals leicht gemacht habe. Als er dich kennen lernte, erschienst du mir wie ein Geschenk des Himmels.«

Ich erwiderte ihr Lächeln nicht.

»Ich mochte dich von Anfang an, Anke, deine offenherzige Art, deine Freundlichkeit, du kamst mir so stark vor. Genau die Richtige für Harald, um ihm Kraft und Sicherheit zu geben.«

»Du hättest mich warnen sollen. So hast du mich ins offene Messer laufen lassen!«, entfuhr es mir. »Als ich dich anrief und nach Harald fragte, obwohl du ihn seit Wochen nicht gesehen hattest, wusstest du doch genau, was los war! Spätestens zu dem Zeitpunkt hättest du mich ins Vertrauen ziehen müssen! Ich war doch völlig ahnungslos.«

Hanne senkte den Kopf und schnäuzte sich die Nase. Als sie aufblickte, waren ihre Augen feucht. »Ich hatte Angst, du würdest ihn verlassen. Ich hab tatsächlich befürchtet, dass er wieder in der Spielhalle sein könnte, aber sicher war ich mir nicht. Ich wollte dich nicht gegen ihn aufbringen. Du bist so wichtig für ihn.«

Ich erzählte ihr ausführlich, wie »wichtig« ich für Harald war. Ich ließ weder die Geschichte mit dem Hochzeitsanzug aus noch die Enttäuschung darüber, dass wir mit unseren Geldgeschenken Schulden begleichen mussten, oder das rettungslos überzogene Konto.

»Was wollt ihr jetzt tun?«, fragte sie dann leise und bedrückt.

Ich zuckte die Schultern und nahm Sven auf den Arm, der mit erhobenen Ärmchen vor mir stand. »Erst mal zu unserem Hausarzt gehen. Mal sehen, ob der Rat weiß. Ich fühle mich von der Situation überfordert.«

»Das ist eine gute Idee«, stimmte Hanne zu. »Hältst du mich auf dem Laufenden?«, fragte sie dann fast demütig. »Ich will euch helfen so gut ich kann, aber finanziell stehen wir mit Udos kleiner Rente auch nicht so gut da.«

»Was sagt eigentlich dein Mann dazu?« Ich überging ihre Bitte. Ich wusste nicht, ob ich mir Hanne als enge Vertraute wünschte.

»Er bekam vieles nicht mit. Er hätte mir den Kopf gewaschen und den Jungen tatsächlich vor die Tür gesetzt. Ich habe Harald oft Geld zugesteckt, aus Angst, er würde es sich sonst auf kriminelle Art besorgen. Wenn du wüsstest, wie allein ich mich damals gefühlt habe ...« Sie fing an zu weinen, und ich beobachtete, wie die Tränen über die faltige Haut kullerten. Sie schnäuzte wieder die Nase.

Ich nahm sie kurz in den Arm, ohne tief empfundenes Mitleid. Mich hielt auch niemand fest.

Erst viel später wurde mir klar, dass ich Hanne die Vorwürfe machte, mit denen ich mich selbst auseinander setzen musste. Ich hatte ihr übel genommen, dass sie eine Co-Abhängige war. So wie ich.

Harald klingelte, und ich verabschiedete mich rasch. Hanne verschwand kurz in der Küche, kam dann zurück und gab mir, als Harald sich zum Gehen abwandte, die Hand zum Abschied.

Es knisterte in meinen Fingern.

Zwei Hundertmarkscheine.

Ich nahm das Geld ohne Scham. Sven brauchte neue Schuhe, und die jährliche Wasserabrechnung war höher zu unseren Ungunsten ausgefallen, als wir erwartet hatten.

11. KAPITEL

Ich war wieder schwanger.
Es war ein Zufall, denn zu dieser Zeit schliefen Harald und ich nur selten miteinander.

Der Vertrauensbruch, die Doppelbelastung durch das Kind und den Job – die Prioritäten hatten sich für mich verschoben, unser Verhältnis war abgekühlt.

Doch offensichtlich reichte bei uns ein Mal, um ein Kind zu zeugen, während in meinem Umfeld viele Frauen alles Mögliche probierten, um schwanger zu werden.

Ich hatte Harald nichts von dem Gespräch mit seiner Mutter erzählt. Das Bedürfnis, jeden Gedanken mit ihm zu teilen, hatte nachgelassen. Ein kleiner Teil von mir hatte sich aus unserer Zweisamkeit gelöst.

Die Abende verbrachte er im Moment zu Hause, sodass ich sicher sein konnte, dass er sich nicht in einer Spielhalle herumtrieb. Oder zog es ihn etwa auch zu anderen Zeiten zu den Automaten? Hatte er schon mal blaugemacht, um zocken zu können?

Ich war erleichtert, als Harald tatsächlich unseren Hausarzt aufsuchte. Dr. Klinke nahm sich viel Zeit für ihn und riet am Ende dazu, zunächst eine Suchtberatung und dann eine Selbsthilfegruppe aufzusuchen. Er überreichte ihm sogar eine Liste mit mehreren Adressen, die lange Zeit an unserer Pinnwand hing.

Zwei Wochen später erlebte ich abermals einen Rückfall – oder Vorfall? – mit, der uns den Schlaf raubte.

Ich wurde nicht weich, verweigerte ihm diesmal den Trost, sondern sprach ihn am nächsten Morgen, als er sich beruhigt hatte, sachlich an: »Ich werde dich zu der Suchtberatung begleiten. Ich werde heute noch einen Termin machen.«

Harald starrte mich an. »Was soll das? Willst du mich entmündigen oder was? Wenn überhaupt, dann gehe ich da allein hin, es ist mein Problem, nicht deins ...«

Ich lachte hysterisch auf und schüttelte den Kopf. »Dein Problem!? Du ruinierst unsere Familie! Du zerstörst nicht nur dein Leben, sondern auch meins und das unserer Kinder!«

»Ich werde mich nicht von dir an die Hand nehmen lassen wie ein dummer kleiner Junge.«

»Ach ja?« Den Spott in meiner Stimme konnte ich nicht unterdrücken. Am liebsten hätte ich geschrien: Nichts anderes bist du. Aber das verkniff ich mir doch. »Und woher soll ich wissen, dass du wirklich zur Beratungsstelle gehst? Wie kannst du dir einbilden, ich hätte auch nur einen Funken Vertrauen noch zu dir!«

»Ich habe mich erkundigt, die können mir eine Bescheinigung ausstellen, dass ich da war. Versteh doch, ich will das erst einmal allein angehen. Ich muss mir selber darüber klar werden, welche Art von Hilfe ich brauche.«

Er hatte sich schon erkundigt. Das war immerhin ein positiver Schritt, obwohl ich nicht verstand, warum er nicht mit mir vorher darüber gesprochen hatte. Den Riss in unserer Beziehung nahm er anscheinend ebenso wahr wie ich.

»Hast du schon einen Termin?«

Er schüttelte den Kopf. »Ich rufe heute von der Arbeit aus in der Mittagspause da an.«

Er klang so vernünftig, dass ich schließlich klein beigab. »Okay ...«

»Vertrau mir«, sagte er auf die Art, die ich einmal an ihm geliebt hatte.

Nachdem Harald die Suchtberatungsstelle aufgesucht hatte – er legte mir tatsächlich die Bescheinigung vor –, war leider nicht viel an Informationen aus ihm herauszuholen. Ich hätte ihn am liebsten gebeten, das Erstgespräch Wort für Wort wiederzugeben, aber das wollte und konnte er nicht. Ich musste es akzeptieren.

Er erzählte lediglich, dass ihm verschiedene Fragen zu seinem Spielverhalten gestellt worden waren und dass der Ratschlag am Ende lautete, er solle sich einer Selbsthilfegruppe anschließen, die es zufällig ganz in unserer Nähe gab.

»Und? Wirst du das tun?«, fragte ich hoffnungsvoll und legte eine Hand auf meinen Bauch, in dem unser zweites Baby strampelte und trat.

»Was soll das schon bringen? Ich habe genug mit mir selbst zu tun, als dass ich auch noch Bock hätte, mich mit den Problemen anderer Leute zu beschäftigen«, erklärte Harald.

Ich versuchte es mit Engelsgeduld, obwohl es mir zunehmend schwer fiel. »Es wird dir doch gut tun, wenn du hörst, dass auch andere unter dieser Sucht leiden. Und vielleicht bekommst du auch Tipps. Einen Versuch ist es doch wert, oder?« Ich sah ihn flehend an.

»Ich werde drüber nachdenken.«

»Ja, bitte, denk doch auch an mich und die Kinder. Oder ist dir deine Familie überhaupt nichts wert?« Über die emotionale Schiene war Harald gut zu erreichen.

»Natürlich seid ihr mir wichtig, das weißt du doch. Aber ich habe keine Lust, mich öffentlich zu outen. Stell dir vor, ich treffe da einen Bekannten, und der tratscht das überall herum.«

»Na ja, wenn du da einen triffst, den du kennst, hat er das gleiche Problem wie du. Ich bin sicher, dass euch dort Diskretion und Anonymität gewährt wird.«

Harald seufzte. »Jetzt lass mal gut sein. Ich verspreche dir, darüber nachzudenken, okay?«

12. KAPITEL

Drei Monate später zogen wir in eine größere Wohnung in einer kinderfreundlichen Umgebung. Der Umzug kostete mich während der Schwangerschaft und mit dem kleinen Sven viel Nervenkraft, zumal ich auch noch stundenweise meiner Arbeit nachging, bevor ich in Mutterschutz durfte.

Ich packte die Kisten alleine ein und allein wieder aus. Ich organisierte Freunde und Verwandte und einen Lastwagen, ich klärte alle Formalitäten mit den Vermietern und kümmerte mich mit Hilfe von Lukas, Arne und Bettina um die Renovierung.

Harald tat praktisch keinen Handschlag, machte abends Überstunden, wie er behauptete, um zusätzlich Geld zu verdienen.

Trotzdem sackte unser Kontostand innerhalb dieser Zeit auf 15.000 Miese, was ich nur am Rande registrierte. Ich erzähle das nicht gern, weil ich im Geiste das Flüstern und Tuscheln Unbeteiligter höre: Wie konnte man nur so blind sein! Du wusstest doch, dass er spielt!

Ich weiß darauf nicht wirklich eine Antwort. Vielleicht war es schlicht und einfach Blödheit ... Vielleicht auch ein bereits pathologisches Verdrängungsverhalten. Keine Ahnung.

Ich schob es auf den Umzug, der natürlich niemals

11.000 DM gekostet hatte, aber es war doch schließlich möglich, oder? Und Haralds Karte war gesperrt, wie sollte er an Geld herankommen? Er würde doch nicht etwa meine nehmen oder meine Unterschrift auf Schecks fälschen, oder?

Tatsache ist, ich weiß nicht, warum ich zuließ, dass er uns ruinierte. Ich fragte abends nur noch selten nach, wenn er zu spät von der Arbeit kam. Ich fühlte mich müde und ausgelaugt und wollte auch das ungeborene Baby schonen.

Erst als ich an einem Freitagmorgen mit Sven im Kinderwagen am Geldautomat unserer Bank stand und auf dem Display angezeigt wurde: Keine Auszahlung möglich. Sprechen Sie mit Ihrem Kundenberater, da kam wieder Leben in mich.

Ich hatte noch knapp sieben Mark in der Tasche, das reichte gerade für die Busfahrt nach Hause, und unsere Lebensmittelvorräte waren praktisch aufgebraucht. Es war der 3. des Monats, alle fixen Kosten waren abgegangen, aber zum Leben reichte es nicht mehr.

Ich überlegte, ob ich es ein weiteres Mal versuchen sollte, befürchtete aber, die Karte könnte eingezogen werden. Was sollte ich tun? Wir mussten doch etwas essen übers Wochenende.

Mit klopfendem Herzen und schamroten Wangen betrat ich die Bank, Sven im Kinderwagen vor mich herschiebend. Ich schaute mich um, sah all die piekfeinen Angestellten in ihren Anzügen und Kostümen und blickte an mir herunter. Ausgetretene Halbschuhe, blaue Jeans, dicker Norwegerpulli, mehrmals um den Hals geschlungener Schal. Meine Haare hatte ich nur in aller Eile zu einem

Knoten hochgesteckt, geschminkt war ich auch nicht. Ich genierte mich in dieser gediegenen Atmosphäre.

Ich stellte mich vor einem Schalter an, vor mir war nur eine ältere Dame, die, als sie fertig war, lächelnd mit Sven scherzte, der jeden Fremden stets freundlich anstrahlte. Ich fühlte mich eigenartigerweise mit dieser Rentnerin verbunden, sie gab mir ein bisschen Selbstbewusstsein zurück. Ich stellte den Kinderwagen seitlich und ließ die alte Dame mit Sven schäkern.

Leicht zögernd schob ich meine Karte der sehr korrekt aussehenden Kassiererin zu. »Schauen Sie bitte mal, da stimmt etwas nicht. Ich habe am Automaten kein Geld bekommen.«

Die Bankangestellte überprüfte Karte und Konto und teilte mir dann mit, dass mein Überziehungskredit ausgeschöpft sei. Weitere Transaktionen würden nicht geduldet werden.

»Aber ... ich muss einkaufen! Es ist Wochenende!«, sagte ich hilflos.

»Tut mir Leid, da kann ich von hier aus nichts unternehmen. Ich beachte nur meine Anweisungen. Wenden Sie sich doch bitte an den Filialleiter.«

Als sie meinen verschreckten Gesichtsausdruck bemerkte, lächelte sie mich an. »Herr Heidenfels ist sehr umgänglich und beliebt bei Kunden und Mitarbeitern. Er wird sicher einen Weg finden.«

»Danke.« Ich steckte die Karte wieder ein, nickte der Rentnerin mit erzwungenem Lächeln zu und schob den Kinderwagen in das Büro des Filialleiters.

Es folgte ein überaus unangenehmes Gespräch. Die Angestellte hatte ihren Chef zwar richtig beschrieben, aber auch seine Nettigkeit konnte nichts an den Fakten ändern.

Herr Heidenfels begrüßte mich freundlich, legte dann aber Ausdrucke auf Endlospapier vor, die ungeschönt unseren finanziellen Abrutsch auf über 15.000 DM Schulden dokumentierten.

Ich brachte ein paar vage Erklärungen, schob vor allem den Umzug vor, den ich viel teurer darstellte als er war, erzählte von einer größeren Autoreparatur und mehreren dringend benötigen Anschaffungen.

»Herr Heidenfels, sehen Sie sich doch das Einkommen meines Mannes an. Es wird regelmäßig überwiesen, dazu noch mein Verdienst. Außerdem beabsichtigen wir, eine Lebensversicherung zu kündigen«, log ich. Ich hatte keine Ahnung, ob uns aus Versicherungen oder Sparverträgen Geld zustand, nahm mir aber vor, dies so schnell wie möglich zu überprüfen.

Ich weiß nicht, ob es an Sven im Kinderwagen, meinem schwangeren Bauch oder an meiner »Überzeugungskraft« lag, dass Herr Heidenfels am Ende tolerierte, dass ich ein weiteres Mal um 200 DM überzog. An meinem Lächeln lag es bestimmt nicht, denn ich fühlte mich nicht nur beschämt, erniedrigt und verzweifelt, sondern auch unattraktiv.

Mit den kostbaren 200 Mark in der Tasche ging ich zum Aldi und deckte mich mit den Grundnahrungsmitteln ein.

Ich fühlte mich verbittert und so gedemütigt wie noch nie zuvor in meinem Leben.

Am Abend konfrontierte ich Harald mit der harten Realität. »Wir kommen aus den Miesen nicht mehr heraus! Von irgendwas müssen wir doch leben! Wir können froh sein, wenn die Miete nicht zurückgebucht wird und wir auf der Straße landen. Oder dass uns der Strom abgestellt wird oder das Telefon!«

Er war an diesem Abend ungewöhnlich gesprächsbereit. »Wir könnten einen Kredit aufnehmen bei einer anderen Bank«, überlegte er. »Und damit den Dispo ausgleichen.«

»Warum sollte uns eine andere Bank einen Kredit geben?«, erwiderte ich.

»Na ja, wir könnten sagen, wir wollen uns ein neues Auto anschaffen. Wenn du meine Gehaltsabrechnungen vorlegst, dürfte es kein Problem sein.«

Ich dachte darüber nach. Es war vielleicht einfacher, monatliche Raten abzustottern, als ständig im Sumpf zu hängen.

Aber ich würde eine Bedingung daran knüpfen, damit sich die Spirale nicht mehr weiterdrehen konnte.

»Ich will, dass du dich einer Selbsthilfegruppe anschließt. Du musst vom Zocken wegkommen, wenn wir jemals wieder normal leben wollen. Wirst du dich erkundigen, wann die Gruppe in der Nähe sich trifft?«

Harald schwieg eine Weile, kaute dabei auf der Unterlippe. Dann nickte er. »Okay.«

Gemeinsam gingen wir an diesem Abend unsere Finanzlage durch.

Wir verfassten Kündigungsschreiben für beide Lebensversicherungen und einen Sparvertrag. Die Rückkaufswerte waren ein Witz im Vergleich zu dem, was wir bisher eingezahlt hatten.

Außerdem reduzierten wir die monatliche Belastung auf ein Minimum: Wir kündigten das Abonnement der Tageszeitung und sämtliche Versicherungen, außer der privaten und der Kfz-Haftpflicht.

Wir errechneten, dass wir mit 100 DM in der Woche für Benzin und Lebensmittel auskommen konnten, wenn wir uns noch ein wenig einschränkten und zum Beispiel generell auf Fleisch und Fast Food verzichteten.

Harald rechnete sich aus, dass er mehr als die Hälfte sparen konnte, wenn er statt der teuren Markenzigaretten Selbstgedrehte rauchen und den preiswerten No-Name-Tabak verwenden würde.

Wir nahmen uns auch vor, Strom und Wasser zu sparen, indem wir öfter mit der Hand spülten als die Maschine anzuschalten, und diskutierten diverse andere Maßnahmen zur Kostensenkung.

Es war ein gutes Gefühl, sich einen Überblick zu schaffen, gute Vorsätze zu fassen und Pläne zu schmieden.

Es sah wie ein neuer Anfang aus.

Gleich bei der ersten Bank, die wir um einen Kredit bitten wollten, hatten wir Glück. Harald und ich traten dem Kundenberater gemeinsam gegenüber. Wieder kam meinem Mann sein überzeugendes Auftreten zugute.

Ich staunte, wie seriös er im Anzug aussah und wie gewählt er sich ausdrückte, dabei an passenden Stellen ein leichtes Lächeln einsetzte, ohne wie ein Bittsteller zu wirken. Er schilderte den Wagen, den wir uns aufgrund des Familienzuwachses anschaffen wollten, legte seine Gehaltsabrechnungen vor; nach einer halben Stunde wurden wir als kreditwürdig erachtet.

Wir richteten bei dieser Bank ein Konto ein, auf das wenige Tage später der Betrag überwiesen wurde. Ich veranlasste die Überweisung zu unserer Hausbank, um das Konto auf null zu bringen. Harald bekam seine EC-Karte zurück, denn der feste Wille, seine Sucht in einer Selbsthilfegruppe zu überwinden, machte ihn für mich wieder glaubwürdig.

Ich sah das damals ganz blauäugig: Man geht in eine Selbsthilfegruppe, und vom ersten Termin an ist man suchtfrei.

Ich erkannte nicht, dass dies nur ein erster zaghafter Schritt zum Umdenken ist, dass der echte Kampf, das qualvolle Entwöhnen sich über Jahre hinzieht und oft von zahlreichen Rückfällen begleitet wird. Manche schaffen es auch nie.

Aber ich war viel zu schlecht informiert, um das realistisch einzuschätzen.

13. KAPITEL

Die Selbsthilfegruppe (SHG) traf sich jeden Mittwoch in einem Gemeindesaal. Dazu gehörten nicht nur Spielsüchtige, sondern auch Alkoholiker und zwei junge Männer, die von leichten Drogen abhängig waren. Die Gruppe wurde von einer großen Wohlfahrtsorganisation geführt.

Die Dame am Telefon sprach Harald Mut zu, ich bekam das in der Küche mit, wo ich so tat, als wäre ich beschäftigt. In Wahrheit wollte ich natürlich kein Wort verpassen.

Doch Harald hatte keine Angst, sich in einer Gruppe darzustellen, wie es die Frau am anderen Ende der Leitung offenbar annahm. Im Umgang mit anderen zeigte er großes Selbstvertrauen. Er brauchte keine äußere, sondern innere Stärke: den festen Willen, sein Leben zu ändern.

Ich hörte, wie er sogar ein bisschen mit der Dame flirtete, und ich wusste, sie würde gespannt sein, ihn kennen zu lernen. Eifersucht verspürte ich nicht. Wenn ihm ein nettes Gespräch zu Beginn den Einstieg erleichterte, war mir alles recht.

Ich trat aus der Küche, mit Sven auf dem Arm, und sah, wie sich Harald den Hörer zwischen Ohr und Schulter klemmte, damit er beide Hände frei hatte, um sich Datum, Uhrzeit und Ort zu notieren. Ich lächelte. Er wirkte engagiert.

Ja!

So war es gut.

Ich hatte die Nase voll von dem haltlosen Mann, der sich ohne Rücksicht auf andere von seiner Sucht beherrschen und sich treiben ließ. Den man nicht zu fassen bekam, der einem wie ein Stück nasse Seife durch die Finger glitt. Ich wollte wieder Stärke und Lebensmut erleben. Ich brauchte doch selbst so dringend Hoffnung.

Nachdem er den Hörer aufgelegt hatte, ging ich mit unserem Sohn auf der Hüfte zu Harald, legte einen Arm um ihn und küsste ihn auf die Wange. »Ich bin stolz auf dich«, sagte ich ernst.

Harald grinste, nahm Svens Händchen und küsste die kleinen Finger, bevor er uns beide umarmte. »Jetzt wird alles doch noch gut. Ich bin so froh, dass ich euch habe.«

Eine neue Phase in unserer Ehe begann, voller Enthusiasmus und neuer Energie. Das Konto war zunächst noch ausgeglichen, zeitweilig konnten wir durch den Rückkauf der Lebensversicherungen sogar einen geringen Überschuss verbuchen. Den Kredit würden wir locker in monatlichen Raten von 300 DM abtragen, dachte ich. Für mich war Harald auf dem besten Weg, wieder ein »normales Leben« mit uns zu führen. Der enorme Druck des letzten Jahres fiel von mir ab.

Nach dem ersten Treffen der Selbsthilfegruppe kehrte Harald begeistert nach Hause zurück. Die Gruppe bestand aus 12 bis 15 Leuten, darunter drei Frauen: zwei waren alkoholabhängig, eine spielsüchtig.

Harald hatte sich in einem Kreisgespräch, das von einem

Psychologen moderiert wurde, vorstellen müssen, was ihm erwartungsgemäß nicht schwer gefallen war.

Er hatte erzählt, seit wie vielen Jahren er schon spiele und wie viel Geld dabei bereits draufgegangen sei. Dass er sich vor allem Sorgen um seine Familie mache, die von ihm als Versorger abhängig sei.

Ihm war klar, dass die fortschreitende andauernde Verschuldung die größte Belastung für seine Familie war. Aber er wusste nicht, warum er es so weit hatte kommen lassen.

Er hatte aber auch erwähnt, dass er sich nicht sicher sei, ob seine Probleme gelöst würden, wenn man ihm das Spielen nähme, oder ob sie dann erst beginnen würden.

All das erzählte er mir bei einem Bier am Abend, als wir gemeinsam auf der Couch saßen. Er war so mitteilsam wie selten, und ich hörte beeindruckt zu.

Es erinnerte mich an die Zeit unseres Kennenlernens, an die vielen »Quasselstunden«, die wir beide so genossen hatten. Nun blitzte wieder dieser analytische Verstand auf, den ich an ihm so geschätzt hatte, sein Denkvermögen und seine Sensibilität. Wie konnte ein Mensch nur aus zwei so unterschiedlichen Hälften bestehen? Warum dominierte diese »intelligente« Seite nicht die schwache?

Ich gab Harald einen Kuss, legte meinen Kopf in seinen Schoß und erkundigte mich nach den anderen Teilnehmern, besonders die spielsüchtige Frau interessierte mich.

Harald lächelte. »Sie ist schon länger dabei, vier Jahre, wenn ich mich recht erinnere. Sie ist seit dieser Zeit trocken. Ich frage mich wirklich, was die noch in der Gruppe zu suchen hat. Wenn ich vier Jahre durchgehalten habe, brauche ich bestimmt keine Gespräche mit anderen Betroffenen mehr.«

Ich kicherte. »Ist ja eigenartig. Vielleicht ist sie in den Psychologen verliebt und kommt deswegen immer noch.«

Wir lachten und ahnten nicht, dass wir auf dem völlig falschen Dampfer waren.

Harald grinste immer noch, als er fortfuhr: »Sie arbeitet in leitender Position in einer großen Firma und muss nächste Woche Besuch aus Asien empfangen. Sie soll sie erst zum Essen ausführen und dann ins Casino einladen. Davor hat sie Angst.«

Er lachte wieder, aber ich wurde nun ernst. »Nach vier Jahren hat sie immer noch Angst davor... Das ist ja erschreckend. Also war sie keine Automatenspielerin?«

»Ne, immer nur Casinos im großen Stil. Sie hat sich eine Zeit lang in sämtlichen Casinos in Deutschland sperren lassen.«

Ich setzte mich auf. »Wie sperren lassen? Du meinst, man hat sie nicht mehr reingelassen?«

»Nein, die Casinos haben doch ein Eigeninteresse an ihr und ihrer Kohle. Die weisen sie darauf nicht hin. Aber es ist unter pathologischen Glücksspielern bekannt, dass es an jedem Empfang dieser Häuser Formulare gibt, mit denen man sich selbst ausschließen kann.«

»Das ist ja ein guter Schritt«, bemerkte ich.

»Ja, aber auch nur eine Begleitmaßnahme. Die Sperre allein reicht wohl nicht aus.«

»Gibt es das auch für Spielhallen?«

»Weiß ich nicht.« Er hob die Schultern und ging in die Küche, um sich eine weitere Flasche Bier zu holen. »Kann ich mir aber nicht vorstellen. In den Spielhallen geht es anonymer und schnelllebiger zu.«

Als er wieder zurückkam, erzählte er von den anderen Teilnehmern und der Stimmung in der Gruppe.

»Der Psychologe gefällt mir. Er lässt jeden von seinen Erlebnissen und Träumen erzählen, ohne gleich mit der Psychokeule zuzuschlagen und einen guten Rat aus der Tasche zu ziehen. Einer war dabei, der erst zum zweiten Mal teilnahm. Er hat lange darüber berichtet, wie er beim Spielen vom großen Reichtum geträumt hat. Er wollte seine Familie mit allen möglichen Luxusgütern überschütten, sobald er den großen Gewinn eingefahren hatte. Sich selbst bezeichnete er als schwach und schlecht und wollte alles, was er seiner Frau und seinen Kindern angetan hatte, wieder gutmachen. Das war eigenartig. Die Gruppenteilnehmer meinten, dass seine Familie was anderes braucht als Luxus, nämlich ihn als Vater und Ehemann. Ich bin mir nicht sicher, ob er das verstanden hat. Er erschien mir emotional sehr unreif.«

Ich staunte nur. So genau konnte Harald andere Menschen einschätzen. Ob er den Bezug zu sich selbst nicht sah oder nicht sehen wollte?

»Eine Weile haben wir darüber diskutiert, ob es so etwas wie eine typische Spielerpersönlichkeit gibt. Ob wir alle Typen sind, die Macht, Erfolg und Reichtum anstreben – oder ob wir im Gegenteil uns selbst verletzen wollen, weil wir ja wissen, dass wir nur verlieren können.«

»Aha?« Ich fand es klasse, welche Veränderung der erste Termin in der Gruppe bei Harald bewirkt hatte. So hatte er noch nie über seine Spielsucht gesprochen. »Und zu welchem Ergebnis seid ihr gekommen?«

»Zu keinem. Wir haben es so stehen lassen.«
»Und du für dich selbst?«, fragte ich vorsichtig an.
»Keine Ahnung.«

Dann erzählte er von einem 24-jährigen Mann, der ihm auf den ersten Blick sympathisch war. »Matthias hat es anscheinend ganz locker geschafft, von der Zockerei loszukommen. Er bestritt zwar den größten Teil der Gesprächszeit, aber ich fand es interessant, ihm zuzuhören. Sein Problem waren auch die Automaten.«

Dieser Matthias schien ganz interessant zu sein. Ich schlug Harald vor, dass wir ihn in den nächsten Wochen mal zu uns einladen könnten. Mein Mann war sofort einverstanden, und ich war erleichtert. Es schadete bestimmt nicht, wenn Harald Kontakt zu einem Mann pflegte, der ihm Vorbild sein konnte.

Durch diese Gruppe schaffte es Harald, aus der Anonymität herauszukommen. Und es gelang ihm immer besser, über sich selbst und seine Gefühle zu reden. Zu Hause drehten sich unsere Gespräche nur noch um die Behandlung und Entwöhnung.

In dieser Anfangszeit, als er noch Feuer und Flamme war, ging er auch tatsächlich nicht spielen. Ich kannte inzwischen die sicheren Anzeichen, um das feststellen zu können.

Einmal in der Woche fuhr er abends in die Innenstadt, um sich in der Gruppe auszutauschen.

Er erzählte, wie die anderen in die Sucht geraten waren und wie verzweifelt sie darum gekämpft hatten, wieder hinauszufinden.

Wir erkannten, dass noch ein langer Weg vor uns lag.

Ich wagte es nicht, Harald zu fragen, wie es ihm bei diesem Entzug ging, weil ich unsere gemeinsame Euphorie und Zuversicht nicht bremsen wollte.

Ob er litt wie Alkoholiker ohne Schnaps? Oder wie ein Drogenabhängiger ohne seinen Stoff?

Mir gefiel, dass er angefangen hatte, mit seinem Freund Jürgen einmal die Woche Squash zu spielen. Manchmal joggte er am Wochenende auch eine Runde vor dem Frühstück durch den Wald.

Allerdings war das Vertrauen zwischen uns nicht mehr komplett wieder herzustellen.

Wenn er behauptete, er träfe sich mit Jürgen zum Squash, nahm ich ihm das so ab, ohne Nachforschungen anzustellen. Einerseits wäre ich mir blöd vorgekommen, wie eine hysterisch betrogene Ehefrau bei Jürgen oder in der Squasharena nachzufragen, andererseits wollte ich es vielleicht auch gar nicht wissen, ob er wieder angefangen hatte, mich zu belügen.

Ich gebe heute – ungern – zu, dass meine Vogel-Strauss-Taktik einen Anteil an der Höhe unserer Verschuldung hatte.

Keinem der anderen Betroffenen aus der SHG hatte jemals so viel Geld zur Verfügung gestanden wie Harald.

Die anderen waren mal mit 100, mal mit 200 Mark in die Spielhalle gegangen, Harald hatte an manchen Abenden das Fünffache verprasst.

14. KAPITEL

Nach einer Gruppensitzung brachte Harald Matthias mit zu uns nach Hause.

Harald hatte bereits an acht Terminen teilgenommen, der anfängliche Enthusiasmus war verflogen, es war zur Normalität geworden. Er wirkte nicht glücklich dabei, war leicht reizbar, nervös und unausgeglichen, aber ich war guter Dinge. Für mich ging es mit Riesenschritten in die richtige Richtung. Dass es nicht ohne Qual und Kampf verlaufen würde, war uns inzwischen beiden bewusst.

Harald musste »entwöhnt« werden, da war es verständlich, dass er öfter als sonst schlecht gelaunt und aggressiv war. Ich nahm es in Kauf und bemühte mich, ihn nicht zu provozieren und jede zusätzliche Belastung von ihm fern zu halten. Ich wollte ihn gern unterstützen, aber durchstehen musste er das allein.

Ich war neugierig auf Matthias. Vielleicht würde ich von ihm, dem erfahrenen »Ex-Spielsüchtigen«, den ein oder anderen Tipp auch für Angehörige bekommen.

Matthias entpuppte sich als richtig netter Kerl, ein kleiner quirliger Mann, ziemlich übergewichtig, mit viel Humor.

Schon beim ersten Bier begann er, ohne dass ich ihn bitten musste, von seinen Erfahrungen zu erzählen. Ich merkte gleich, dass es Harald lieber gewesen wäre, wenn wir über Fußball oder Motorräder geredet hätten, da er gerade erst die Sitzung hinter sich gebracht hatte, aber ich war voll in meinem Element; und Matthias war sehr kommunikativ.

Er erzählte, dass er mit 17 angefangen hatte zu spielen und bis er 19 war ungefähr 5.000 DM Schulden angehäuft hatte.

Ich schluckte. 5.000 DM Schulden! Wenn wir doch das Rad noch einmal zurückdrehen könnten. Unser Konto war wieder um einige Tausend in die roten Zahlen geraten, der Kredit war noch lange nicht abbezahlt, und alle Rücklagen waren verbraucht, selbst unsere Altersvorsorge.

»Und wie hast du es geschafft, herauszukommen?«, fragte ich und stellte – ganz die aufmerksame Gastgeberin – eine Schüssel mit Chips und Erdnussflips auf den Tisch, die Matthias gleich zu sich heranzog.

»Ich habe eine stationäre Therapie absolviert«, erzählte er. »Vier Monate lang.«

Das war mir neu, dass es auch für Spieler stationäre Therapien gab. Dort vermutete ich eher Alkoholiker und Drogenabhängige.

Matthias grinste, als ich ihm das sagte. »Das habe ich auch zuerst gedacht. Ich hatte echt Angst, von lauter Alkis und Junkies umgeben zu sein, alles kaputte Typen, die mich noch mehr herunterziehen. Aber es waren irgendwie ganz normale Menschen, die zwar alle ihr Suchtproblem hatten, unter denen es aber 'ne Menge netter Leute gab. Ich habe da zwei gute Freunde gefunden.«

»Und wie läuft so eine stationäre Behandlung ab? Was passiert da?«

Ich warf einen Blick zu Harald, der mit missmutigem

Gesicht den Videotext eingeschaltet hatte, um die Fußballergebnisse abzufragen. Es war offensichtlich, dass er sich nicht im Mindesten für das Gespräch interessierte und sich den Abend mit seinem »Kumpel« anders vorgestellt hatte.

»Nach ein paar Tagen Eingewöhnung in der »Aufnahme« – eine Phase, in der man nur in Begleitung von anderen Patienten aus dem Haus gehen darf – wird man einer Wohngruppe zugewiesen. Purer Zufall, ob man dann auf Leute trifft, die einem sympathisch sind, aber ich hatte Glück. Auch unsere Gruppentherapeutin war 'ne Klasse-Frau. Na ja, und dann besteht dein Tag hauptsächlich aus verschiedenen Therapien – Gesprächen mit Fachleuten für Spielsucht, aber auch Ergotherapie, in der man sich kreativ entfalten kann, mit Ton arbeiten oder Speckstein bearbeiten. Viel Zeit verbringt man auch mit der Bewegungstherapie. Ich schätze, ich habe am Tag drei bis vier Stunden Sport getrieben. Das hat mir persönlich am meisten gebracht. Ich habe in der Zeit auch 15 Kilo abgenommen.« Er lächelte schief. »Die sind allerdings inzwischen wieder drauf.«

Ich hörte ihm gebannt zu und unternahm immer mal wieder einen Versuch, Harald in das Gespräch einzubinden. Das klang doch so positiv! So einfach! Wenn es ihm in der Selbsthilfegruppe immer noch so schwer fiel und sich seine Probleme, wie er es befürchtet hatte, ohne das Spielen nur multiplizierten, dann brauchte er vielleicht doch ein Komplettprogramm, das ihm neue Wege aufzeigte, und jemanden, der ein neues Leben mit ihm trainierte.

Matthias fuhr redselig fort. »Früher, mit 14, war ich mal ein guter Volleyballer gewesen. Das war alles während der

Zeit der Sucht verschüttet. Es war ein wirklich gutes Gefühl, dieses Talent wieder zu entdecken.«

»Und du warst vier Monate in der Klinik?«

»Genau.«

»Hm. Aber es ist doch sozusagen eine künstliche Welt, in der man die Suchtfreiheit ausprobiert«, gab ich zu bedenken. »Was passiert, wenn man entlassen wird und im Alltag wieder auf die gleichen Schwierigkeiten wie vorher trifft? Wird man dann nicht wieder rückfällig?«

Matthias zuckte die Achseln. »Das mag bei manchem so sein. Bei mir nicht. Meine Einstellung zu mir und meinem Leben hat sich in dieser Zeit grundsätzlich gewandelt. Ich habe gelernt, mich selbst zu schätzen und darauf zu achten, was mir gut tut. Ich konnte das gut in den Alltag übertragen.«

Nur vier Monate ... und dann für immer suchtfrei?

Mir gefiel dieser Gedanke gut, es klang so simpel. Und man brauchte Matthias nur in die Augen zu sehen, um zu erkennen, dass er ein glücklicher Mensch war, der allen Grund hatte, stolz auf sich zu sein.

Warum sprang Harald nicht darauf an?

»Wie lange ist das her?«

»Seit drei Jahren bin ich ›trocken‹. Ich gehe aber auch regelmäßig noch in die Selbsthilfegruppe. Es ist wichtig für mich, von den anderen jede Woche neuen Mut zu bekommen. Und es macht mich um mindestens zehn Zentimeter größer, den anderen von meinem Erfolg zu berichten.« Er zwinkerte mir zu, ich fand ihn wirklich ungewöhnlich nett und lebendig.

Dann wandte er sich Harald zu. »Na, wie hat der FC gespielt?«

Ich ging in die Küche, um Pizza vorzubereiten.

Diesen Matthias fand ich sehr beeindruckend. Er verdiente große Anerkennung dafür, wie er sich sozusagen selbst an den Haaren aus dem Sumpf gezogen hatte.

Woher nahm er diesen Willen und diese Kraft, und warum tat sich Harald so schwer?

Matthias war unabhängig, trug keine Verantwortung für eine bald vierköpfige Familie. Trotzdem hatte er Rückgrat gezeigt und sein Leben positiv verändert. Nur Harald, unter dem noch zwei andere Menschen litten, schaffte das nicht ...

Ich spürte auf einmal wieder diesen immensen Zorn auf ihn, der aus meiner Hilflosigkeit resultierte. Wenn er nicht wollte, konnte ich gegen die Wand laufen, und nichts würde passieren. Wütend knetete ich den Teig.

Ich hörte, wie Harald den Wohnzimmerschrank öffnete. »Lust auf 'ne Runde Skat? Ich könnte meinen Nachbarn dazuholen, der ist sofort dabei.«

»Nee, lass mal«, erwiderte Matthias.

Ich wusch mir den Pizzateig von den Händen, trocknete sie ab und ließ den Teig mit einem Küchentuch zugedeckt gehen. Neugierig ging ich ins Wohnzimmer.

Hatte Matthias nur kein Interesse am Kartenspielen, oder konnte es sein, dass so ein harmloses Freizeitvergnügen wie Skat für einen Suchtspieler auch gefährlich war?

»Das muss jeder Spieler für sich selbst herausfinden«, erklärte Matthias auf meine Frage.

Harald lachte zynisch. »Du willst mir doch jetzt nicht erzählen, dass ich kein Mau-Mau oder Elfer raus mehr spielen darf ...«

Matthias hob die Schultern. »Keine Ahnung, wie das bei

dir ist. Ich habe mal beim Skatspielen gemerkt, wie meine Hände anfingen zu zittern und wie ich gleichzeitig vor Nervosität und Aufregung zu schwitzen begann. Ich habe die Karten auf den Tisch gelegt, obwohl ich einen Grand mit dreien spielen konnte, und gesagt: ohne mich, Leute, ich steige aus. Das war das letzte Mal, dass ich Skat gespielt habe.«

»Skat spielen macht einfach nur Spaß«, erwiderte Harald. »Und man verliert dabei kein Geld, wenn man nichts einsetzt. Warum sollte man es also lassen? Es ist ungefährlich.«

»Für mich nicht. Es hat Suchtpotenzial für mich. Es setzt genau die Energien frei, die ich auch am Automaten spüre, und ich habe Angst, wieder hineinzugeraten. Wie ein Alkoholiker, der früher nur Schnaps getrunken hat und nun auch die Finger vom Bier lassen muss.«

»Ich denke, du siehst das zu eng«, erwiderte mein Mann darauf. Seine unvernünftige Reaktion trieb mir vor Wut die Röte an den Hals.

Aber ich bremste mich, ich wollte nicht vor diesem vernünftigen jungen Mann, vor dem ich inzwischen Hochachtung hatte, eine Szene machen.

»Solange kein Geld im Spiel ist, kann doch überhaupt nichts passieren«, fügte Harald hinzu.

»Gibt es so was wie eine Liste mit verbotenen Spielen?«, erkundigte ich mich bei Matthias.

Er schüttelte den Kopf. »Nicht, dass ich wüsste. Mein Therapeut jedenfalls fand meine Reaktion auf das Skatspielen genau richtig. Und was andere Spiele betrifft, riet er mir, falls ich mir selbst unsicher bin, die Mitspieler zwischendurch zu fragen, wie ich auf sie wirke, ob ich relaxed wirke oder ob ich den Eindruck erwecke, krampfhaft gewinnen zu wollen.«

Harald hatte bereits wieder mit dem Thema abgeschlossen. Ich sah ihm an, dass seine Laune endgültig verdorben war, aber es kümmerte mich nicht.

Matthias spürte die Spannung und verabschiedete sich, nachdem wir die Pizza gegessen hatten und dabei über die Vorteile von selbst gemachter und tiefgekühlter philosophiert hatten.

Es war leider sein einziger Besuch, ich hätte ihn gerne öfter bei uns zu Hause begrüßt.

Als Matthias weg war, versuchte ich ein weiteres Mal, Harald für den Gedanken, eine stationäre Therapie zu beginnen, zu gewinnen.

Doch das Erste, was er erwiderte, war: »Meinst du, ich habe Bock, da mit allen möglichen Alkis Tag und Nacht herumzuhängen? Was habe ich mit denen zu tun? Nachher kriege ich noch ein zweites Suchtproblem, weil ich den ganzen Psychoscheiß ohne Bier nicht mehr ertrage.«

Er hatte überhaupt nichts mitbekommen und war aggressiver denn je.

Ich wusste auf einmal mit großer Sicherheit, dass das dünne Band, das uns kurzzeitig wieder miteinander verbunden und uns Halt gegeben hatte, wieder zerrissen war.

Vielleicht war es auch nur eine Illusion gewesen.

15. KAPITEL

An dem Tag, als Markus zur Welt kam, versprach Harald, er würde mich am Nachmittag mit Jürgen im Krankenhaus besuchen.

Gegen 15 Uhr klingelte das Telefon auf meinem Nachttisch.

»Herzlichen Glückwunsch zum Baby!«, rief Jürgen ehrlich erfreut. »Sag mal, wo bleibt denn der Harald?«

»Wieso? Er wollte dich doch abholen kommen und anschließend zusammen mit dir ins Krankenhaus ...«

»Ja, war auch so geplant. Ich wollte ja anschließend zu euch nach Hause, um gemeinsam auf das Baby anzustoßen. Aber Harald wollte um halb zwei hier sein, jetzt ist es nach drei ...«

»Verstehe.«

Ich hatte Markus an der Brust, er trank in kräftigen Zügen, und ich spürte nur Bitterkeit, nicht das geringste Glücksgefühl, wie man das von einer frisch gebackenen Mutter erwarteten würde.

Da lag ich im Krankenbett, seinen neugeborenen Sohn im Arm, den er noch nicht einmal gesehen hatte, und er war wieder spielen ... Ich wusste es genau.

Was sollte ich Jürgen sagen? Ich beendete das Gespräch rasch und merkte, wie mir Tränen über die Wangen liefen.

Mittlerweile war es mir in Fleisch und Blut übergegangen: Wenn Harald eine Verabredung platzen ließ, war er spielen. Es konnte überhaupt nichts anderes dazwischen gekommen sein.

Heiligabend kam ich mit Markus im Maxi Cosi nach Hause.

Sven fiel mir um den Hals und begrüßte seinen kleinen Bruder. Hanne hatte sich in dieser Zeit ganz lieb um ihn gekümmert.

Obwohl ich mit meiner Schwiegermutter nicht auf einer Welle lag, war sie als Oma Gold wert. Ich konnte mich stets auf sie verlassen, wenn es darum ging, Sven unterzubringen. Der Kleine liebte seine »Tipptopp-Oma«, wie er sie inzwischen nannte.

Die Begrüßung zwischen Harald und mir fiel von meiner Seite unterkühlt aus.

Er war zwar noch ein- oder zweimal in der Klinik gewesen, um mich zu besuchen, aber dass er an dem Tag, als sein Sohn geboren wurde, spielen war ... Das saß wie ein Stachel in meinem Herzen.

Ich bettete Markus in seinen Stubenwagen, kümmerte mich ganz lieb um Sven, der mich vermisst hatte, und setzte mich, nachdem sich Hanne verabschiedet hatte, mit einer Tasse Tee an den Küchentisch.

Harald holte sich ein Glas Bier und nahm mir gegenüber Platz.

Er lächelte auf diese vertraute Art und nahm über den Tisch hinweg meine Hand. Dann griff er in die Hemdtasche und holte einen Ring hervor, den er mir über den Finger streifte.

Ich betrachtete den weißgoldenen Reif mit dem kleinen

Rubin und zog ihn wieder ab. Dann gab ich ihn Harald zurück.

»Den kannst du behalten«, sagte ich bitter. »Geh ihn umtauschen und bezahl von dem Geld die nächste Miete.«

»Hey, komm ... Ich wollte dir ein Geschenk machen. Es tut mir alles so Leid, Anke ...«

»Ich will keine Geschenke von dir. Ich will, dass du aufhörst zu spielen und endlich Verantwortung übernimmst.«

Beim ersten Kind hatte ich keinen Ring bekommen, weil das Geld nicht da war, und jetzt brauchte ich auch keinen, weil noch weniger Geld da war. Damals hatte ich Harald meine Enttäuschung darüber mitgeteilt; offenbar hatte er sich meine Worte zu Herzen genommen und meinte, es nun gutmachen zu können.

Aber seit Svens Geburt war so viel geschehen, so viel Porzellan war zerbrochen, dass es mir unmöglich war, eine nicht vorhandene Harmonie vorzuspielen.

Harald steckte den Ring wieder ein, stand wortlos auf und setzte sich im Wohnzimmer vor den Fernseher.

Ich blieb in der Küche sitzen und rührte in meiner Teetasse.

Wie hatte ich mich selbst verändert ...

Ich bin ein romantisch veranlagter Mensch. Für mich war es immer eine wundervolle Vorstellung gewesen, für jedes Kind einen Ring von dem »geliebten Ehemann« geschenkt zu bekommen. In meinen Träumen wäre ich ihm um den Hals gefallen, hätte das Schmuckstück bestaunt und meinen Partner zärtlich aus Dankbarkeit geküsst.

Ich hatte das immer für eine ganz große Geste gehalten, einen Ring geschenkt zu bekommen, doch Harald hatte auch diese Fantasie zerstört.

Nun saß ich allein in der Küche und hatte das Geschenk abgelehnt. Ich fühlte mich uralt und ausgebrannt.

In der ganzen Zeit, in der ich mit Harald verheiratet war, hatte ich niemals ein Geschenk von ihm bekommen – nicht zu Weihnachten, nicht zum Geburtstag, nicht zum Hochzeitstag. Weil das Geld dafür fehlte.

Für diesen Ring hatte er sich nicht etwa krumm gelegt und gespart oder aufs Zocken verzichtet, sondern er hatte ihn auf Kredit finanziert.

Doch den Kredit brauchten wir zum Leben, nicht, um uns eine Liebe vorzuspielen, die schon längst jede Basis verloren hatte.

Es war Heiligabend.

Normalerweise wären wir bei meinen Eltern gewesen, aber da ich nicht gewusst hatte, wann ich aus dem Krankenhaus entlassen wurde, hatten wir für dieses Jahr abgesagt.

Ich stand auf und ging durch die Wohnung, sah die Fusseln auf dem Teppich, den ungewischten Glastisch mit den Gläsern von vorgestern darauf, nirgendwo einen Baum, ein Gesteck oder Weihnachtsschmuck. Harald hatte sich an den PC verzogen, das Wohnzimmer war ungeheizt und ungemütlich.

Ich zündete sämtliche Kerzen an, die ich in der Wohnung finden konnte, wärmte mir ein Glas Glühwein in der Mikrowelle und genoss den Duft, der durch die Zimmer zog.

Meine psychisch desolate Verfassung wirkte sich bald auch auf meinen Körper aus. Nach wenigen Tagen bekam ich einen schmerzhaften Milchstau. Ich entschied mich, Markus abzustillen, weil ich nicht die Ruhe fand, mich für dieses Baby aufzuopfern.

Es war alles zu viel für mich; Silvester lag ich mit 41 Grad Fieber im Bett. Harald rief sogar den Notarzt an, der eine Brustentzündung diagnostizierte.

Da saß ich nun allein mit zwei kleinen Kindern, jeden Abend heulte ich, jeden Abend kam Harald später nach Hause.

Er erzählte auch nichts mehr von der Selbsthilfegruppe, die Kommunikation zwischen uns versandete.

Ich hatte keine Kraft mehr. Zwei kleine Kinder zu betreuen ist anstrengend genug, aber ich musste mir auch noch Sorgen um unsere finanzielle Situation machen. Und das alles ohne Unterstützung von Harald.

Ich fühlte mich dermaßen überfordert, dass ich bei dem geringsten Anlass in Tränen ausbrach.

Ja, es war hart, und bestimmt war es auch für Harald potenzierter Stress, nach der Arbeit in ein »Irrenhaus« einzukehren, wo es nur Geschrei, beschmutzte Windeln und ungespültes Geschirr vom Frühstück gab.

Wahrscheinlich fand er es auch unerträglich, aber er bot mir weder seine Hilfe an, noch ergriff er selbst Initiative und räumte zum Beispiel mal die Spülmaschine ein.

Stattdessen verschwand er abends sofort, mal zu einem Treffen mit Matthias, mal mit seinen Eltern, mal zum Squash, mal zum Skat spielen.

Ich unternahm keinen Versuch, ihn zu überwachen oder vom Spielen abzuhalten.

Ich konnte sowieso nichts daran ändern.

16. KAPITEL

Ich hatte das Gefühl, in Matthias ein wenig Halt gefunden zu haben. Er strahlte auf mich viel Sicherheit aus, ich hatte mich wohlgefühlt in seiner Gegenwart. Ich fand den Kontakt zu ihm immens wichtig, nicht nur, um mich selbst weiter zu informieren, sondern auch, weil ich immer noch hoffte, Harald würde ihn als Vorbild akzeptieren.

An einem Abend, nachdem der Vater meiner Kinder wieder erst um ein Uhr nachts mit Schlafzimmerblick nach Hause zurückgekehrt war und unser anschließender Streit in einem Handgemenge und hemmungsloser Heulerei endete, rief ich Matthias noch in derselben Nacht an und bat ihn um ein Treffen mit mir allein.

Ich hatte Harald eine wilde Szene gemacht, in deren Verlauf er mir eine Ohrfeige verpasst hatte, die erste, seit wir uns kannten.

Da war etwas in mir zerbrochen. Ich hatte ihm ein Ultimatum gestellt: Wenn er noch einmal, noch ein einziges Mal, spielen würde, würde ich die Scheidung einreichen.

Ich sprach es spontan aus, ohne über die Folgen nachzudenken.

Wie sollten wir uns denn trennen?

Sollte ich Harald vor die Tür setzen, zu seinen Eltern zurückschicken?

Alles unrealisierbar.

Ich hatte keinen Plan, wie mein Leben ohne meinen Mann aussehen könnte – aber ich hatte auch keine Ahnung, wie es mit ihm weitergehen sollte.

Ich fühlte mich ausgeliefert, ohnmächtig und machtlos.

Falls Matthias überrascht war, dass ich ihn mitten in der Nacht anrief, so ließ er es sich nicht anmerken. Wir verabredeten uns für den nächsten Tag in der Stadt. Er schlug ein griechisches Restaurant vor, von dem ich wusste, dass es dort eine Kinderecke gab, denn für Markus und Sven würde ich auf die Schnelle wahrscheinlich keine Betreuung finden.

Also stimmte ich zu.

Ich bestellte mir nur eine Cola light und hoffte, dass Matthias nicht auf die Idee kam, sich die Speisekarte bringen zu lassen.

Ein Essen in einem Restaurant konnte ich mir nicht leisten.

Doch genau das tat er, nachdem der Kellner uns die Getränke serviert hatte.

Er studierte die Karte gierig, las die verschiedenen Gerichte mit einem Glitzern in den Augen vor.

Sven war gleich in der Kinderecke verschwunden, wo er sofort einen kleinen Spielkameraden fand, Markus schlief in dem Kinderwagen friedlich neben mir.

Als Matthias merkte, dass ich die Karte gar nicht erst anrührte, sagte er: »Hey, komm, such dir was aus. Die Calamares sind hier der Hammer. Ich lade dich ein. Ich habe lange keine nette Frau mehr zum Essen eingeladen.« Er grinste mich an, während ich versuchte herauszufinden, ob er wusste, was los war oder nicht.

Wollte er mit mir flirten, oder wollte er mir die Scham nehmen, einzugestehen, dass ich kein Geld hatte?

Ich hielt mir gespielt den Bauch. »Ich bin auf Diät«, erklärte ich, setzte seit sehr langer Zeit mal wieder ein strahlendes Lächeln auf und nahm einen Schluck von der Diät-Cola.

»Na, komm! Das hast du doch nicht nötig ...«

»Danke, ich möchte wirklich nichts essen. Aber lass es dir schmecken.« Ich empfand seine Einladung nicht wie eine harmlose, nette Geste, sondern wie ein Almosen.

Wie sehr hatte sich mein Bild der Realität verzerrt. Was war schon dabei, sich zu einem Essen einladen zu lassen?

Vor meiner Ehe war es eines der normalsten Dinge der Welt für mich gewesen, mit Freunden gemeinsam ein Restaurant aufzusuchen und im Wechsel die Rechnungen zu begleichen. Jetzt schien es mir fast bedrohlich, als wollte mich Matthias beleidigen.

Sven kam an den Tisch mit quengelig verzogenem Gesicht. »Kann ich eine Sprite, Mama?«

»Das lohnt nicht, Schatz, wir gehen gleich. Hier, trink mal von meiner Cola.«

Sven setzte an. Ich beobachtete zähneknirschend, wie er mehrere große Schlucke trank. Schnell nahm ich es ihm ab, bevor er das Glas ganz leerte und ich in die Bedrängnis geriet, ein weiteres Getränk zu bestellen.

Mit großem Unbehagen bemerkte ich, dass Matthias diese Szene ernst verfolgte.

Ich konnte davon ausgehen, dass er um unsere Geldknappheit wusste.

»Ich habe Harald ein Ultimatum gesetzt«, begann ich das Gespräch, als Matthias die bestellten Calamares gebracht wurden. »Ich weiß allerdings nicht, ob ich das auch durchsetzen kann ...«

»Du hast ihm gesagt, wenn er noch einmal spielen geht, würdest du ihn verlassen.«

Ich sah ihn überrascht an. Das waren fast exakt meine Worte gewesen. »Ja, stimmt ... Was hältst du davon? Wird es ihn zur Besinnung bringen?«

Er wiegte den Kopf. »Kann man so nicht sagen. Es kommt ja auch auf dich an ... Liebst du ihn noch?«

Ich schwieg eine ganze Weile und dachte über die Frage nach.

Wie viel war übrig geblieben von dem gigantischen Gefühl, das uns in den ersten Monaten miteinander verbunden hatte? Reichte das noch, um es Liebe nennen zu können?

Ich bezweifelte es inzwischen.

»Ich weiß es nicht ...«

»Wenn du ihn noch liebst, solltest du auch um ihn und deine Familie kämpfen. Ihn fallen zu lassen bedeutet dann ja auch für dich, jemanden zu verlieren. Gemeinsam könnt ihr es leichter schaffen ...«

»Und ich soll dabei die Rolle der Therapeutin spielen, ja? Dabei bleibt die Liebe erst recht auf der Strecke. Ich habe auch Rechte und Bedürfnisse. Ich brauche auch manchmal Unterstützung. Wer kümmert sich um mich?«, platzte ich spontan heraus.

Ich war es so satt, verständnisvoll zu sein und immer auf andere Rücksicht zu nehmen.

»Ne, so meine ich das nicht. Du sollst ihn nicht bemuttern und sein Wohl über deines stellen. Aber wenn du ihn fallen lässt, nimmst du ihm alles, wofür es sich zu kämpfen lohnt. Und du nimmst den Kindern den Vater.«

»Den Kindern den Vater! Dass ich nicht lache! Ich wollte schon mal ein Foto von ihm aufhängen, damit ihn die Kinder erkennen, wenn er mal ausnahmsweise rechtzeitig nach Hause kommt ...«

»Trotzdem liebt Sven ihn, da bin ich sicher, und er liebt seine Kinder auch. Das Falscheste, was du meiner Meinung nach machen kannst, ist, ihm zu helfen, Rechnungen zu begleichen, irgendwelche Bürgschaften zu übernehmen oder ihn vor anderen zu entschuldigen. Du sollst ihn nicht ›decken‹ und immer wieder auffangen, sondern du musst ihm eure Situation messerscharf vor Augen führen und trotzdem an seiner Seite bleiben. Nur so habt ihr eine Chance, aus dem Schlamassel herauszukommen. Sperr ihm alle Konten, lass ihn kein Geld mehr in die Finger kriegen und mach ihm klar, wie wichtig es ist, dass er in der Gruppe bleibt. Und wenn du kein Geld im Haus hast, stell ihm abends ein Glas Wasser und trockene Nudeln hin. Und die Kinder lässt du an einem Kanten trockenen Brotes kauen. Schone ihn nicht, aber bleib bei ihm ...«

Ich musste grinsen bei dem Gedanken, wie ich ihm eine Gefängnismahlzeit vorsetzte, obwohl mir alles andere als zum Lachen zu Mute war.

Was Matthias empfahl, klang überzeugend.

Aber es war einfacher gesagt als getan, die Nerven zu behalten und nicht ständig auszurasten, wenn man immer wieder erleben musste, dass man ins Leere lief und seine Energie sinnlos verpulverte.

Am Abend erzählte ich Harald davon, dass ich mich mit Matthias getroffen hatte.

Es gab wieder eine hässliche Szene, weil er – zu Recht –

vermutete, dass wir über seinen Kopf hinweg über ihn geredet hatten.

Er fühlte sich übergangen, aber mir war das egal.

Ich nahm mir vor, Matthias' Ratschläge zu beherzigen.

17. KAPITEL

Bevor Harald abends nach Hause kam, fütterte ich immer erst die Kinder und bereitete sie fürs Zubettgehen vor, damit sie mit ihrem Geschrei und Gequengele nicht noch für zusätzliche Spannung sorgten.

Ich aß meist mit den Kindern ein belegtes Brot, für Harald kochte ich eine warme Mahlzeit. Er war ja den ganzen Tag unterwegs, und die Zeit, in irgendein Restaurant zu gehen, hatte er nicht – geschweige denn das Geld.

Angewidert betrachtete Harald an diesem Abend seine blanken Aldi-Nudeln und versuchte dann erfolglos Käse zu finden. Ich räumte die Spülmaschine aus, als er plötzlich sagte: »Ich war heute in der Spielhalle.«

Ich ließ vor Schreck fast drei Teller fallen.

Was sollte das jetzt? Was erwartete er von mir, wie ich darauf reagieren würde? Ich ahnte längst, dass er wieder rückfällig geworden war.

Warum konfrontierte er mich damit so direkt? Wollte er mich provozieren? Und dabei grinste er auch noch!

»Nicht was du meinst, Schatz. Ich wollte nur mal kurz reinschnuppern, einen Kaffee trinken, bisschen gucken ...«

Ich knallte die Teller scheppernd in den Schrank. »Hältst du mich für blöd, oder was?«, schrie ich ihn an. »Erzähl mir doch nicht, dass du zum Kaffeetrinken in eine Spielhalle gehst! Was soll das überhaupt?«

»Jetzt komm mal wieder runter«, meinte er von oben herab. »Und lass mich erst mal ausreden. Du glaubst nicht, wen ich am Automaten gesehen habe. Rate mal!«

Ich konnte mir auf sein Grinsen überhaupt keinen Reim machen und gab auch keine Antwort, nachdem er fast eine Minute geschwiegen hatte.

Dann sagte er: »Deinen Guru Matthias.«

Ich fuhr zu ihm herum. »Das ist nicht dein Ernst ...«

Er hörte auf zu grinsen. »Das ist mein voller Ernst, ich war genauso geschockt wie du. In der Therapiestunde ist er unser aller Vorbild, keine Stunde, in der er nicht irgendwelche Selbsthilfe-Tipps zum Besten gibt, und wir hängen ihm an den Lippen.«

Ich setzte mich ermattet an den Tisch.

Ich hätte heulen können.

Wem spielte denn Matthias etwas vor? Sich selbst oder allen anderen? Müßig, darüber nachzudenken, fest stand, dass die Lösung nicht so simpel war, wie ich mir das vorgestellt hatte. Es war komplex, generelle Hilfen gab es nicht.

Das Einzige, was zählte, war der feste Wille. Doch den konnte ich Harald auch nicht einprügeln.

Aber bei Matthias hatte es so ausgesehen, als ob er den notwendigen Durchhaltewillen hätte.

»Was soll ich jetzt tun?«, meinte Harald verunsichert, sein boshaftes Grinsen war verschwunden. »Soll ich ihn bei der nächsten Sitzung verraten?«

»Hat er dich denn auch gesehen?«

»Ja, klar. Er meinte mit rotem Kopf, er wollte nur mal kurz vorbeischauen und sei auf dem Sprung, und weg war er ...«

»Genau wie du.« Ich stieß verächtlich die Luft aus. Was für ein Kasperletheater ...

Ich erinnerte mich an die Zeit, als ich mit Hilfe der Weight Watchers ein paar Kilo abgenommen hatte und glaubte, mir mit einer kleinen Portion Pommes frites etwas Besonderes gönnen zu dürfen. An einem Nebentisch saß eine Frau, die ich von der Gruppe her kannte und die in jeder Sitzung tönte, wie geschickt sie die Klippen der täglichen Versuchungen umschiffen konnte.

Vor ihr stand ein Gyros komplett.

Uns war beiden beim Anblick der anderen der Appetit vergangen. Später konnte ich über die Situation zu Hause lachen und erzählte sie auch pantasievoll ausgeschmückt allen möglichen Freunden.

An Haralds Begegnung mit Matthias in der Spielhalle würde ich nie etwas Witziges entdecken, da war ich sicher.

Ich hatte dabei einen Geschmack von Galle im Mund.

»Du könntest seinen Namen nicht nennen, aber die Situation allgemein schildern. Liegt dann an ihm, ob er sich outet oder nicht. Zumindest wird er wissen, dass du Bescheid weißt ... Ich bin gespannt, wie er sich entscheidet.«

Ich erfuhr niemals, wie Matthias reagiert hätte.

Harald ließ die nächste Gruppenstunde ausfallen.

Und beendete damit seine Arbeit in der Selbsthilfe.

18. KAPITEL

Wir mussten uns dringend überlegen, wie wir finanziell über die Runden kommen sollten.

In seinem Job als Lagerarbeiter verdiente Harald nicht genug, dass ich es mir hätte leisten können, in Erziehungsurlaub zu gehen. Ich wollte Markus aber nicht wieder nach sechs Monaten abgeben, wie ich es bei Sven getan hatte.

In der neuen Wohngegend fühlte ich mich auch sozial mehr eingebunden. Nachmittags traf ich mich auf einem Spielplatz mit anderen Frauen, einmal die Woche fand eine Kindergruppe im Wechsel bei den Müttern statt, und donnerstags ging ich mit beiden Jungen zu Fuß zum Kleinkindschwimmen in das Hallenbad, das sich eine halbe Stunde Gehweg entfernt befand.

Das Geld hätte gereicht, wenn wir nicht den Kredit hätten tilgen müssen und die horrenden Überziehungszinsen vierteljährlich abgebucht würden.

Und wenn es Harald endlich gelänge, seine Sucht zu überwinden.

Außerdem war seine Arbeitszeit ungünstig und stressig. Er wollte auch mal ein Wochenende frei haben.

Harald bewarb sich bei mehreren Firmen und konnte am Ende aus drei Angeboten wählen. Mit seiner intelligenten, charmanten Art nahm er die Leute für sich ein; ich kenne wirklich keinen Menschen, der Harald nach dem ersten Eindruck unsympathisch fand.

Er entschied sich für einen Job als Außendienstmitarbeiter in einer großen Firma, die Kioske und Tankstellen mit Süßigkeiten belieferte.

In der Anzeige hatte es geheißen, dass ein Firmenwagen gestellt wurde, was für uns den Ausschlag gab. Ein schönes großes Auto als Familienkutsche konnten wir gut gebrauchen.

Es war dann leider doch nur ein Golf, aber immerhin ...

Harald war sehr zufrieden mit seinem neuen Job. Im Umkreis von 100 Kilometern fuhr er täglich Verkaufsstellen ab, nahm Bestellungen entgegen und pflegte die Kontakte zu den Pächtern.

Das war genau das, was ihm lag und was ihm Spaß machte. Er baute zu all seinen Kunden ein vertrauensvolles Verhältnis auf und schaffte es mit Freundlichkeit, Sachkompetenz und Kulanz, dass sich der Umsatz der Firma erhöhte.

Ich hoffte, dass sein Selbstbewusstsein von seiner neuen Arbeitsstelle profitieren würde. Immerhin genoss er die Anerkennung seines Chefs und der Kollegen.

Doch häufig passierte es nun wieder, dass Harald abends zu spät nach Hause kam oder dass er verabredete Termine platzen ließ. Es war überhaupt kein Verlass mehr auf ihn. Er schob es auf seine unregelmäßige Arbeitszeit.

Freunde zu uns einzuladen oder an Veranstaltungen teilzunehmen, das unterließ ich inzwischen, soweit ich es vermeiden konnte. Mir gingen allmählich die Ausreden aus, wenn Harald uns hängen ließ.

Ich saß zu Hause mit Sven und Markus und wartete und grübelte.

Spielte er oder machte er tatsächlich wieder Überstunden?

Aber woher sollte er das Geld fürs Zocken nehmen?

Unsere Haushaltskasse hielt ich streng unter Verwahrung, seine EC-Karte hatte ich wieder eingezogen, und eine Überprüfung der Kontoauszüge ergab, dass er kein Bargeld mehr abgehoben hatte, seit er den neuen Job angetreten hatte.

Manchmal kehrte er erst gegen zehn Uhr abends heim, wenn ich um fünf mit ihm gerechnet hatte; manchmal sah ich dann seinem Gesichtsausdruck und seinem Blick an, dass etwas nicht stimmte.

War es die Erschöpfung nach einem anstrengenden Arbeitstag oder die Befriedigung nach seinem Spielrausch? Ich traute meiner eigenen Wahrnehmung nicht mehr.

Eine ganze Zeit lang schloss ich wieder einmal die Augen vor dem, was nicht sein durfte und was ich mir auch nicht erklären konnte.

Ich konzentrierte mich auf die Kinder. Finanziell kamen wir nun einigermaßen zurecht, auch, weil die Bank den Dispokredit massiv erhöht hatte, nachdem das zweite Gehalt samt Provision auf unser Konto eingegangen war.

Harald und ich entfremdeten uns, wir lebten nebeneinander her.

Bis er mir eines Abends die Wahrheit erzählte, die wie ein Faustschlag in den Magen auf mich wirkte. Mir blieb die Luft weg.

Die Kinder schliefen bereits, als er sich mit seinem »Spielerausdruck« im Gesicht zu mir auf den Balkon setzte, wo ich ein Glas Wein trank und in einer Zeitschrift blätterte.

Ich hatte die Absicht, gleich zu Bett zu gehen, da ich seit einer Woche als Zeitungszulieferin arbeitete, um noch etwas für ein paar kleine Extras zu verdienen.

Mal auf die Sonnenbank gehen, mal eine neue Jeans oder etwas besonders Schickes für die Kinder, statt immer nur die Klamotten aus dem Second Hand Laden.

Das ging ganz gut, da die Kinder morgens noch schliefen, während ich eine halbe Stunde mit dem Fahrrad an der frischen Luft unterwegs war.

Ich schlug die Zeitschrift zu, trank das Weinglas aus und stutzte, als ich sah, dass Harald das Gesicht in den Händen verborgen hatte, die Ellbogen auf den Balkontisch gestützt. Wie ein müder alter Mann rieb er sich die Augen, bis sie rot waren.

»Was ist los?«, fragte ich.

Er schluckte, bevor er heiser antwortete. »Es ist wieder soweit, Anke.«

»Hab ich mir schon gedacht«, erwiderte ich. »Es ist ja nicht zu übersehen. Und was veranlasst dich jetzt zu dem Geständnis? Ich kann sowieso sagen, was ich will, ich erreiche nichts.«

»Diesmal ist es schlimmer.«

Ich horchte alarmiert auf. »Wie meinst du das?«

Er hatte bei seiner neuen Arbeitsstelle eine Möglichkeit gefunden, wie er jederzeit an sehr viel Geld kommen konnte: Wenn die Kunden nach ihrer Bestellung nicht zwei Wochen auf die Ware warten wollten, bot Harald ihnen an, das Bestellte auf der nächsten Tour selbst vorbeizubringen.

Für diese Lieferung stellte er eine Rechnung aus und kassierte das Geld sofort. Dieses hätte er am gleichen Tag der Firma überweisen müssen, aber für jemanden, der spielsüchtig ist, ist die Verführung zu groß, wenn er Bares in den Händen hält.

In den ersten Wochen hatte er noch gegen die Versuchung angekämpft, erzählte er deprimiert, aber dann behielt er das erste Mal das kassierte Geld, um damit eine Spielhalle aufzusuchen.

Er hatte sich eisern vorgenommen, den Betrag mit der nächsten Rechnung wieder auszugleichen, aber so kam eine Kettenreaktion in Gang, die völlig aus der Kontrolle geriet.

Bald wusste er nicht mehr, welche Rechnung er zuerst bezahlen sollte. Die Firma wurde auch auf die Außenstände aufmerksam.

Um irgendwie aus der Bredouille zu kommen, übernahm Harald nur noch diese Lieferaufträge mit Barzahlung, hatte ständig das Auto mit Schokoriegeln und Kaugummis voll. Er brauchte das Bargeld, um drei Wochen alte Rechnungen auszugleichen – oder um wieder spielen zu können.

Es war ein Fass ohne Boden ...

Sprachlos hörte ich zu, wie er mir diese weitere Katastrophe darstellte. Er bewegte sich haarscharf am Rand zur Kriminalität.

Noch hatte er das Geld nicht unterschlagen, es war bislang »nur« mit ein paar Wochen Verspätung auf das Firmenkonto eingegangen, doch nun standen Rechnungen aus, die er nicht mehr begleichen konnte.

Immer wieder manövrierte er sich allein in hoffnungslose Situationen, und wenn es keinen Ausweg mehr gab, wenn das Kind sozusagen in den Brunnen gefallen war, legte er reumütig ein Geständnis ab, damit ich ihm wieder aus der Klemme half.

Es funktionierte stets nach dem gleichen Schema, ich erkannte das selbst, aber ich wusste nicht, wie ich es ändern sollte.

Wir gingen ins Wohnzimmer, weil die Nachbarn nicht Zeuge unseres Streits werden sollten, denn ich schimpfte und heulte gleichzeitig.

Harald saß vor mir, zusammengesunken im Sessel, und war sich der vollen Schuld bewusst.

Er stritt nichts ab, ging mit sich selbst ins Gericht, belastete sich selbst immer härter und versuchte, mich dadurch zu entwaffnen.

Es standen Rechnungen in Höhe von 12.000 DM aus, die Harald noch begleichen musste.

»Wovon sollen wir das bezahlen!?«, fuhr ich ihn an und lauschte, weil Markus durch mein Geschrei erwacht war.

Wir beschlossen, einen weiteren Kredit aufzunehmen, was Harald sofort wieder in eine optimistische Stimmung versetzte.

Wir würden behaupten, dass wir uns eine neue Wohnzimmereinrichtung zulegen wollten. Von diesem Geld würden wir die Rechnungen bezahlen – und weiterhin auf dem abgewetzten Sofa vor den Ikea-Billig-Regalen sitzen.

Wir würden Haralds »Spaß« finanzieren, ohne dass ich selbst mir auch nur das Geringste leisten konnte.

Mein Einkommen aus dem Zeitungsjob würde ich die nächsten Monate in die Haushaltskasse legen.

Jeans und Sonnenbank mussten warten.

Zum ersten Mal überfiel mich in dieser Zeit wahrhaft existenzielle Angst.

Ich fühlte mich abhängig von diesem Mann, von diesem Monster, das nicht den Funken von Verantwortung zu kennen schien, wenn die Sucht ihn überkam.

Hassgefühle begannen in mir zu wachsen und ersetzten auch den letzten Rest von Zuneigung, die ich für ihn empfunden hatte.

Dieser Mistkerl, dieser Nichtsnutz, der mir wie ein Klotz am Bein hing und mich und die Kinder immer weiter nach unten zog. Sollte er doch zusehen, wie er allein zurechtkam!

Und wie sollte ich selbst allein zurechtkommen?

Auf die Idee, mir Hilfe zu holen oder mich meinen Eltern anzuvertrauen, kam ich nicht. Ich schämte mich viel zu sehr. Wie sollte ich Verwandten oder Freunden erklären: Uns geht es finanziell so schlecht, weil Harald sich gern in Spielhallen herumtreibt ...

»Du musst mir das Geld der Kunden geben«, wies ich ihn autoritär an. »Ich bringe es dann zur Bank. Wir werden von jetzt an jeden Abend zusammen Kassenprüfung machen. Hast du das verstanden!«

Er nickte wie ein kleiner Junge.

Ich hielt das für eine vernünftige Lösung und merkte nicht, dass ich mich immer tiefer in die Co-Abhängigkeit verstrickte.

Unsere Auseinandersetzungen liefen auch immer nach demselben Schema ab: Ich fühlte mich mitverantwortlich, einen Ausweg zu ersinnen, nach dem Motto: Was sollen WIR jetzt bloß tun? Und dann wurde überlegt, wie WIR ein weiteres Mal Geld beschaffen konnten.

Nun, wo ich definitiv wusste, dass er wieder in den Sog der Sucht geraten war, verbrachte ich viele Stunden mit Warten und in größter Sorge.

Ich entwickelte einen richtigen Kontrollzwang, hätte Harald am liebsten 24 Stunden am Tag unter Bewachung gehalten – aus reinem Selbstschutz, nicht etwa aus Liebe zu ihm.

Doch von zwei Terminen, die wir gemeinsam verabredeten, ließ Harald einen platzen; ich saß fertig angezogen mit den Kindern bereit, um zu einem Geburtstag bei Freunden zu fahren, und Harald scherte es keinen Pfifferling.

Oder ich musste zur Besprechung in den Kindergarten und rechnete mit Harald, weil er auf die beiden Jungen aufpassen sollte, und er interessierte sich einen feuchten Kehricht dafür, dass ich mich auf ihn verlassen musste.

In dieser Zeit verdiente Harald unglaublich viel Geld.

Durch Provisionen und Überstunden erreichte er locker 5.000 Mark netto im Monat, aber von dem Verdienten sah ich nicht viel.

Es war einfach immer weg. Genau wie jeder Schein, den wir zu Weihnachten und zum Geburtstag bekamen.

Schließlich fing es wieder an, dass ich am Monatsanfang nicht wusste, ob ich überhaupt noch Geld abheben konnte, weil die Toleranzgrenze unserer Hausbank bis aufs Äußerste strapaziert war.

Ich führte qualvolle Bettelgespräche bei der Bank, um den netten, aber konsequenten Filialleiter dazu zu bewegen, noch einmal eine Ausnahme zu gewähren.

Wie oft ich am Schalter gestanden habe in all den Jahren

und mir anhören musste: »Tut mir Leid, Frau Tillmann, ich kann ihnen kein Geld geben.«

Es war so demütigend, wenn ich mit einem Kind auf dem Arm, dem anderen an der Hand, vor einer Bankangestellten stand und sie den Kopf schüttelte. Ich fühlte mich wie der letzte Abschaum, dabei hatte ich einen Mann mit einem glänzenden Verdienst.

Man drehte uns einfach den Hahn ab, und ich wusste nicht, wie ich in dieser Woche die Kinder satt kriegen sollte.

Zur Hochzeit hatten wir einen Bilderrahmen geschenkt bekommen, in dem sich mehrere 5-Mark-Scheine zu einer Collage zusammengelegt befanden.

Irgendwann während dieser schlimmsten Phase unserer Ehe schraubte ich den Rahmen auf, wobei ich mir noch einen Fingernagel tief abriss, um Brot, Milch und Marmelade für das Wochenende kaufen zu können.

Wir lebten immer so kurz vor knapp, es funktionierte immer gerade irgendwie, wenn ich noch eine kleine Geldquelle auftat oder wenn mir meine Mutter mal 100 Mark zusteckte.

Auch Hanne zeigte sich immer großzügig, obwohl sie selbst knapp über dem Existenzminimum lebten.

Sie nahm kein Geld fürs Babysitten, drückte mir aber einige Male einen Schein in die Hand.

Dabei schaute sie mich fragend an, aber ich wandte mich schnell ab. Ich verspürte nicht das Bedürfnis, mich zu öffnen und mitzuteilen.

Sollte sie sich doch selbst ausmalen, wie ihr Sohn uns das Leben zur Hölle machte.

Helfen konnte sie mir ohnehin nicht.

19. KAPITEL

»Ich hatte gestern Geburtstag«, sagte Harald eines Morgens am Frühstückstisch.

»Ich weiß.«

»Du warst nicht da.«

»Ich war mit den Kindern bei meiner Mutter. Mir ist wirklich nicht nach Feiern zu Mute gewesen.«

»Es war aber mein Geburtstag ... Ich hätte ihn gern mit dir verbracht. So saß ich hier allein in der Wohnung, hab mir Lasagne vom Pizzaservice bringen lassen und eine Flasche Chianti und hab mich selbst gefeiert ...«

Ich war inzwischen so kalt ihm gegenüber, dass mich nichts mehr aus der Fassung bringen konnte. Weder, dass er unser Geld für den Pizzaservice verschleudert hatte, noch die traurige Vorstellung, wie er seinen Geburtstag gefühlsduselig mit sich allein feiert.

»Und weißt du was? Ich hätte mich am liebsten mit Handschellen an die Heizung gefesselt, um dieser Sucht nicht wieder nachgeben zu müssen ...«

Ich horchte auf. Das hieß doch ... »Du warst wieder spielen?«

Sein Schweigen war Antwort genug.

»Wie viel?«

»Ich muss an die Luft. Ich gehe spazieren ...«

Ich war zu erschöpft, um ihm eine Szene zu machen.

Dies war kein ungewöhnlicher Vorfall, keine Krise, keine Katastrophe.

Dies war mein Leben.

Ich hatte mich daran gewöhnt.

Du weißt, er muss um sechs Uhr zu Hause sein.

Um sechs ist er nicht da, um halb sieben ist er nicht da.

Du stehst hinter der Gardine und siehst auf die Straße, betest, dass der nächste Wagen seiner ist, und mit jeden zehn Minuten, die vergehen, wird die Gewissheit, dass er wieder Geld verzockt, größer.

Es treibt dich an den Rand des Wahnsinns. Du hast aber immer noch die Hoffnung, dass er nach Hause kommt und sagt, alles okay.

Und dann hörst du drei Stunden später den Schlüssel in der Tür, und du siehst ihm auf den ersten Blick an, es war wieder so weit.

Er spielt nicht an einem Apparat, sondern an vier bis fünf Automaten. Während es um ihn herum blinkt und rattert, wird Adrenalin freigesetzt. Dadurch verfällt er in einen trance-ähnlichen Rausch, der Stunden andauern kann. Während dieser Zeit spielt er, trinkt ununterbrochen Kaffee und steckt sich eine Zigarette nach der anderen an.

Dann kehrt er frustriert nach Hause zurück, mit schlechtem Gewissen und der Verzweiflung darüber, dass er gegen diese Sucht nicht ankommt, dass sie ihn im Griff hat.

So gut kann er sich nicht verstellen, um all diese Gefühlsregungen zu verbergen.

Ich erinnere mich nur an einziges Mal, dass Harald nach Hause kam und einen Haufen Münzen bei sich hatte. Er lächelte, als er das Wohnzimmer betrat und den Jutesack wie eine Trophäe hochhielt.

Ich saß mit Sven vor dem Fernseher und schaute einen Trickfilm mit ihm an, als Harald triumphierend hereinkam und mit einem breiten Grinsen den Eindruck erweckte, als seien nun all unsere Sorgen vorbei und vergessen.

»Schau mal, Schatz, Überraschung!« Sein Gesicht strahlte.

Ich spürte, wie die Wut in mir aufstieg.

Ich sprang auf, riss ihm den Sack aus den Händen und schleuderte ihn durch den Raum, sodass die Münzen in alle Ecken flogen, sich über dem Tisch verteilten, auf die Fensterbank prasselten und unter die Couch rollten.

»Merkst du überhaupt nicht, was du anrichtest?«, schrie ich ihn an.

Sven fing an zu kreischen, Markus wachte in seinem Babybett auf, Harald funkelte mich wütend an. Mit geballten Fäusten stand ich vor ihm.

Ich war außer mir vor Verzweiflung und Zorn, womit Harald nicht gerechnet hatte.

Hatte er ernsthaft erwartet, dass ich ihm um den Hals fallen würde?

›Danke, Schatz, du bist der Größte! Geh doch gleich noch mal in die Spielhalle und nutz die Glückssträhne aus, ja?‹

Dieser jämmerliche Sack Kleingeld führte mir intensiv vor Augen, in welch aussichtsloser Situation wir uns befanden.

Würde ihn nicht dieser Gewinn erst recht ermutigen, es immer und immer wieder zu versuchen?

Es waren etwa 400 Mark in Münzen, die durch das Zimmer flogen, ein Tropfen auf den heißen Stein im Vergleich zu dem, was er bereits verloren hatte.

Zwei Stunden später kroch ich auf allen Vieren über den Teppich und sammelte die Münzen ein, um am nächsten Tag die Strom- und Telefonrechnung zu bezahlen und für zwei Wochen Lebensmittel einzukaufen.

Spielsüchtige wissen, dass sie niemals gegen diese Automaten ankommen.

Es ist ein einfaches Rechenexempel, was auf der Minusseite steht und was auf der Plusseite.

Harald pflegte keine Illusionen, dazu ist er auch viel zu intelligent, aber er konnte es trotzdem nicht lassen.

Jedes Mal, wenn er nach Hause kam, war er reumütig und niedergeschlagen.

Und wenn er ganz viel Geld verloren hatte, dann schwenkte er ins andere Extrem, spekulierte voller Motivation über ein neues suchtfreies Leben.

Immer wieder malte er sich und mir dann aus, was er alles ändern würde: »Ich höre mit dem Rauchen auf, ich trinke keinen Kaffee und kein Bier mehr, und ich spiele nicht mehr ...«

Er bereitete den großen Befreiungsschlag vor, aber das war von vornherein zum Scheitern verurteilt.

Am Anfang glaubte ich ihm noch, unterstützte ihn in seinem Bemühen um ein drogenfreies Leben, aber als er zum fünften Mal ankündigte, dass er nun ein anderer Mensch werden und alles gut werden würde, da wollte ich mir nur noch die Ohren zuhalten.

Harald hatte zu keiner »Gesellschaftsdroge« ein gesundes Verhältnis. Es war ihm einfach unmöglich, Maß zu halten und zu genießen.

Er rauchte wie ein Schlot, und seinen Alkoholkonsum fand ich zu manchen Zeiten auch nicht akzeptabel. Er brauchte sein Bier. Tagsüber hing er zwar nicht an der Flasche, aber abends war es für ihn selbstverständlich, so lange zu trinken, bis er benebelt ins Bett fiel.

Alles, was Harald in seinem Leben anging, machte er exzessiv. Das war allerdings auch mal der Grund gewesen, warum ich so verrückt nach ihm war, denn auch seine Leidenschaft lebte er exzessiv aus.

Dass die andere Seite der Medaille so zerstörerisch sein kann, hätte ich niemals geglaubt.

Aus reinem Wissensdurst und Faszination ließ er sich während einer spielfreien Zeit ein zwanzigbändiges Lexikon im Wert von 10.000 DM andrehen.

Er war begeistert von der Aufmachung und den dazugehörigen CDs und nahm sich vor, die 20 Bände praktisch auswendig zu lernen.

Es kostete uns »nur« 99 DM Rate zusätzlich im Monat, die wir noch lange abstottern mussten, nachdem Harald die Bände für knapp 2.000 DM weiterverkauft hatte.

Dieser klägliche Erlös fiel, Fünfmarkstück um Fünfmarkstück, in Automaten.

Wenn es Harald gelang, mal vier Wochen nicht zu spielen, bedeutete das, dass er seine Sucht verlagerte. Er rauchte dann das Doppelte, und der Kasten Bier war nach zwei Tagen leer.

Er brauchte seine »Dröhnung«, seine Betäubung, seinen Rausch oder was auch immer, und wusste immer Mittel und Wege, sie sich zu besorgen.

Als wir uns 1995 den ersten Computer zulegten, geschah das, was ich im Nachhinein als unvermeidbar und vorhersehbar einordne, aber damals konnte ich den roten Faden in Haralds Verhalten noch nicht erkennen.

Er kam eine Zeit lang pünktlich nach Hause, aß schweigend das Essen, das ich für ihn und die Kinder bereitet hatte, und verzog sich dann ins Computerzimmer, um die ganze Nacht hindurch am PC zu spielen.

Damals gab es noch keine aufwändigen 3D-Ballerspiele, aber auch Tetris konnte Harald so faszinieren, dass er alles um sich herum vergaß.

Diese Manie kostete zwar kein Geld, aber sie trug auch nicht dazu bei, dass wir uns als Ehepaar wieder näher kamen oder dass er sich als Vater mehr kümmerte.

Während unserer Beziehung war Harald aus heutiger Sicht niemals suchtfrei.

Ich erinnere mich an Abende, wo ein Freund zu Besuch kam, und die beiden spielten sechs, sieben, acht Stunden nur Mau-Mau ...

Natürlich kann man darüber lächeln, über diese Versunkenheit und diese Intensität, aber es war ein weiteres Indiz dafür, wie obsessiv Harald alles, was er begann, betrieb.

Ich meine, wenn man sich mit Freunden trifft, spielt man vielleicht mal zwei, drei Stunden Karten, aber acht Stunden?

Matthias hatte erkannt, dass er bei Kartenspielen dasselbe fühlte wie beim Zocken und hatte es deswegen abgelehnt. Für Harald waren die Schulden das größte Problem, nicht seine Persönlichkeit.

20. KAPITEL

Die große Kirmes, die einmal im Jahr in meiner Heimatstadt stattfand, nahte wieder heran. Meine Eltern verkauften hier immer Pfannkuchen und Spießbraten-Brötchen und so, wie vor meiner Hochzeit auch, hatten wir vereinbart, dass ich ihnen helfen würde. Da wir dringend Geld brauchten, sollte auch Harald diesmal mit dabei sein. Dafür würden wir beide am Umsatz beteiligt werden.

Erfahrungsgemäß lief das Geschäft glänzend, meine Eltern genießen als Gastwirte einen sehr guten Namen in der hessischen Kleinstadt.

Harald und ich würden Hand in Hand arbeiten; während ich den Teig in die Pfanne goss, würde er Brötchen aufschneiden und sie mit dem Fleisch belegen. Vielleicht würden wir uns wieder ein bisschen näher kommen? Ich hatte einen »romantischen« Grund, darauf zu hoffen ...

Ich verbrachte den ganzen Samstag und Sonntag an dem Verkaufsstand meiner Eltern.

Für Sven und Markus hatte ich einen Babysitter organisiert, sodass ich nicht auf dem Sprung saß und den Kopf frei von mütterlichen Gedanken hatte.

Am Samstag half Harald eher gelangweilt mit, kein bisschen von meinem Enthusiasmus übertrug sich auf ihn.

Ob er sich daran erinnerte, dass am Sonntag unser Hochzeitstag war?

Auch wenn unsere Beziehung dabei war, den Bach herunterzugehen, war dieser Tag doch immer noch etwas Besonderes für mich.

Es würde mir Spaß machen, ihn auf sehr unkonventionelle Art und Weise in dem Verkaufsstand zu feiern.

Doch Harald vergaß ihn nicht nur, er ließ mich sogar allein in dem Holzpavillon grillen, backen und verkaufen.

Ich war morgens um zehn erschienen, Harald hatte versprochen, eine halbe Stunde später nachzukommen.

Ich wartete lange, bis ich einsah, dass ich nicht mehr mit ihm rechnen konnte. Am Nachmittag kam mein Vater vorbei, um mir zu helfen. Ich stand in der Kälte und hatte versucht, so gut wie möglich für Harald mitzuarbeiten. Doch die Kirmes war glänzend besucht, und die Schlange vor meinem Stand viel zu lang.

Mein Vater überreichte mir eine Flasche Sekt, gab mir einen Kuss auf die Wange und sagte: »Herzlichen Glückwunsch zu eurem Hochzeitstag.«

Ich hätte heulen können.

Als ich den Stand um elf Uhr nachts abschloss und nach Hause fuhr, wusste ich immer noch nicht, wo Harald abgeblieben war. Daheim war er nicht.

Ich zahlte den Babysitter aus, gab Sven und Markus, die in ihren Bettchen schliefen, noch einen Kuss und goss mir dann ganz allein ein Glas Sekt aus der Flasche ein, die für meinen Mann und mich gedacht war.

Ich weinte ohne Unterbrechung, während ich innerhalb der nächsten zwei Stunden die ganze Flasche allein leerte.

Dann schlief ich auf der Couch ein.

Ich weiß noch, dass mein letzter Gedanke war: Wenn Harald heimkehrt und dich so findet, muss er doch sehen, wie schlecht es dir geht ... Dann muss er doch Mitleid mit dir haben und das irgendwie zeigen.

Aber als Harald mich irgendwann in der Nacht auf dem Sofa liegend fand, die leere Sektflasche auf dem Tisch, verlor er kein Wort.

Er weckte mich nicht, er deckte mich nicht zu, er streichelte mir nicht über die Wange und sagte etwas wie: »Hey, Schatz, was ist mit dir los ...«

Er setzte sich auf den Sessel und schaltete den Fernseher an, auf normale Lautstärke, als wäre ich nicht da.

Ich wachte auf, schleppte mich ins Bett, ohne ihn zu fragen, wo er gewesen sei. Ich konnte es mir denken.

Ich bin ihm überhaupt nichts wert, dachte ich, als ich die Treppen hinaufstieg. Und seine Kinder sind ihm auch völlig egal.

Er lebt sein süchtiges Leben, ohne auch nur einen Gedanken an uns zu verschwenden.

Eine Zeit lang schrieb ich Tagebuch, aber es führte mir das Elend nur noch deutlicher vor Augen, ohne dass ich dem ein Ende zu setzen vermochte.

Ich notierte nur das, was mich am intensivsten beschäftigte.

Auszug aus dem Tagebuch

16. Januar:
Harald, spielen: 850 DM

28. Januar:
Harald, spielen: 600 DM

30. Januar:
Harald hat mich geschlagen. Es muss alles ein erstes Mal haben. Ich hab geheult, bis das Gesicht total verquollen war.

06. Februar:
Uns bleiben 450 DM für den Rest des Monats

07. Februar:
Harald, spielen: 780 DM

09. Februar:
200 DM für den Rest des Monats

19. Februar:
Sparvertrag für Kinder aufgelöst: 2.600 DM

02. März:
Harald, spielen: 280 DM

11. März:
Harald, spielen: 200 DM

14. März:
Harald betrunken aus der Kneipe abgeholt

19. März:
Korrektur vom 11. März: Harald hat nicht 200 DM, sondern 900 DM verspielt. Die Woche fängt mal wieder gut an. Der liebe Gott möge dafür sorgen, dass es bald aufhört. Ich habe jetzt angefangen, jeden Abend mit Sven zu beten.

23. März:
Auf dem Trödelmarkt 120 DM verdient.

09. April:
Harald, spielen: 1.800 DM, Schulden bei Firma gesamt: 6.600 DM.

06. Mai:
Harald war wieder spielen. Ich schätze an die 6.000 DM. Ist jetzt Schluss?

11. Mai:
Für 3.300 DM Rechnungen an die Firma beglichen.

21. KAPITEL

Harald und ich schliefen überhaupt nicht mehr miteinander. Die Belastung durch die Kinder, die Sorgen um unsere finanzielle Situation und das zerbrochene Vertrauensverhältnis ... all das führte dazu, dass mir der Sinn nach allem anderen als nach Sexualität stand.

Meine Libido war mir völlig abhanden gekommen. Ich interessierte mich weder für Harald noch für andere Männer oder mich selbst.

Ich konnte überhaupt nicht verstehen, dass ich jemals so etwas wie »Lust« empfunden hatte.

Mir erschien mein Leben grau in grau, ich fand mich abgrundtief unattraktiv.

Natürlich merkte ich, wie wichtig es Harald war, dass wir auch ein Liebespaar blieben, aber es ging einfach nicht. Alles in mir sträubte sich dagegen, die Nähe zu ihm zuzulassen.

Ich weiß nicht, ob ich für Harald zu dem Zeitpunkt überhaupt noch einen Funken Liebe empfand.

Andererseits – unsere Liebe war doch am Anfang so stark gewesen, es war doch nicht möglich, dass sie sich innerhalb weniger Jahre in nichts auflöste? Außerdem waren da die Kinder, die Wohnung und nicht zuletzt die gemeinsamen Schulden.

An eine Trennung dachte ich zu dem Zeitpunkt nicht

ernsthaft, obwohl mir immer mal wieder der Gedanke kam.

Ich hielt es aber für nicht realisierbar. Wie hätte ich ihn auch mit seinem Dilemma allein lassen können.

Ich fühlte mich für ihn verantwortlich. Und ich hatte auch noch nicht vollständig die Hoffnung aufgegeben, dass das große Erwachen noch eintreten würde, jetzt wo sein zweiter Sohn auf der Welt war. Vielleicht würde Harald doch noch so etwas wie Verantwortungsgefühl entwickeln.

Irgendwann musste er doch erkennen, dass er kein Jugendlicher mehr war, der ziel- und orientierungslos im Leben herumlaufen konnte, sondern ein erwachsener Mann, ein Vater, von dessen Verhalten andere Menschen abhängig waren.

Wie konnte jemand immer so weiter leben, ohne auch nur einmal einen wirklich ernsthaften Versuch zu unternehmen, die Richtung zu wechseln.

Ich hatte das Gefühl, mich für unsere gemeinsame Existenz aufzuopfern, ohne dass sich etwas änderte. Ich arbeitete, informierte mich und fand immer neue Lösungen und Ansätze.

Wir wollten doch zusammen bleiben, wir wollten wieder glücklich werden, so wie am Anfang unserer Beziehung, aber das funktionierte nicht ohne beiderseitiges Engagement, ohne Verzeihen, Vergessen und Veränderung.

Doch von Harald kam nichts. Er blieb passiv, ließ sich hängen, zeigte nur immer diese tiefe Reue, aber keinen akzeptablen Bewältigungsversuch.

Er musste doch endlich wach werden und sehen, was er

angerichtet hatte. Er musste sich diesen Schleier von seinen Augen herunterreißen, dieses destruktive Verhalten ablegen und kapieren, worauf es im Leben ankam!

Kurz vor Weihnachten fand im allbuy eine Weihnachtsfeier statt.

Ich war erschöpft von dem anstrengenden Tag mit den Kindern, schließlich war ich schon seit vier Uhr morgens wach, weil ich Zeitungen ausgetragen hatte, und verspürte überhaupt keine Lust, an der Feierlichkeit teilzunehmen.

Doch Harald wollte unbedingt dabei sein, er liebte Geselligkeit, und die Stimmung bei uns zu Hause lud auch nicht gerade zu einem gemütlichen Abend ein.

Für mich war es okay, dass er alleine ging, ich hatte meine Ruhe zu Hause; wenigstens würde es keinen Streit geben.

Er kam in dieser Nacht überhaupt nicht nach Hause.

Ich lag im Bett, wälzte mich hin und her, während ich mir ausmalte, wie er sich wieder in einer Spielhalle herumtrieb. Zwischendurch wurde Markus wach und schrie; mir fehlte die Gelassenheit, ihn zur Ruhe zu bringen.

Um fünf Uhr morgens heulte ich wie ein Schlosshund und ließ Markus weiter schreien.

Sven wachte auf, sah meine Tränen, hörte mein Schluchzen und setzte sich zu mir aufs Bett, schlang seine Arme um meinen Hals.

»Nich so weinen, Mama.« Er hatte selbst Tränen in den Augen.

Ich holte tief Luft, schnäuzte mir die Nase und riss mich für meinen kleinen Sohn zusammen.

»Ist schon wieder gut, Sven. Ich habe nur schlecht geträumt.« Ich hob die Bettdecke an, er krabbelte zufrieden darunter und schlief neben mir ein.

Ich hatte Magenschmerzen, und meine Kehle war wie zugeschnürt, doch die warme Zärtlichkeit und Weichheit meines Sohnes trösteten mich ein klein wenig, wenn sie auch an den Fakten nichts änderten.

Wie würden sich Sven und Markus mal entwickeln?

Steckte es auch »in ihnen drin«, dieses »Sucht-Gen«, wenn es denn so etwas gab?

Würde ich es als Mutter verhindern können? Oder würde ich auch nicht wieder gutzumachende Fehler begehen, wie ich sie zu dem Zeitpunkt noch Hanne vorwarf?

Würde ich meinen Sohn fallen lassen können, wenn es ihm ganz schlecht ging, so wie ich es Hanne geraten hatte?

Ich streichelte über Svens Rücken. Er schnarchelte ganz entspannt neben mir.

Ich fragte mich auch, was für ein Vorbild Harald für seine Söhne war. Noch waren sie klein und verstanden nicht viel, aber wie würde es sein, wenn sie in die Pubertät kamen und unbequeme Fragen stellten oder selbst in Suchtgefahr gerieten?

Genauso wenig wie Harald mir Halt bot, so würde er auch seinen Kindern keine Sicherheit vermitteln können.

Trotz dieser Misere sah ich unsere Zukunft immer noch gemeinsam.

Ich sollte anfangen umzudenken.

Mit Harald gab es keine zuverlässige Planung. Ich würde mich irgendwie von ihm lösen müssen.

Tränen des Selbstmitleids strömten über mein Gesicht. Ich brauchte dazu Hilfe. Ich schaffte es alleine nicht.

Wieder einmal war Harald offenbar seiner Sucht erlegen. Als ich um sechs Uhr morgens auf die leuchtenden Ziffern des Radioweckers blickte, war das Bett neben mir immer noch frisch und unberührt.

Es gelang mir, zwei Stunden einzunicken, dann plapperte Sven fröhlich auf mich ein.

Markus schlief noch, wohl erschöpft von dem anhaltenden Schreien in der Nacht. Ich hatte ein schlechtes Gewissen, weil ich ihn nicht getröstet hatte, blickte in sein Bettchen und streichelte dem Kleinen über die Wangen, die trotzdem rosig waren, das Gesicht entspannt.

Mit dick verschwollenen Augen und bleischwer vor Müdigkeit bereitete ich Frühstück für Sven und mich zu und stellte die am Abend vorbereitete Flasche für Markus in die Mikrowelle. Ich würde ihn heute in den Arm nehmen und sie ihm geben, anstatt sie ihm ins Bett zu reichen. Ich hatte ein bisschen mütterliche Fürsorge nachzuholen.

Allmählich kam zu meiner tiefen Verzweiflung auch eine leichte Beunruhigung.

Vielleicht war ihm etwas passiert? Ein Autounfall?

Aber dann hätte mich die Polizei sicher längst benachrichtigt.

Hatten Spielhallen überhaupt die ganze Nacht geöffnet? Nein, sicher nicht ...

Bis zehn Uhr morgens grübelte ich und überlegte bereits, bei der Polizei oder in den umliegenden Krankenhäusern nachzufragen, als das Telefon ging.

»Hallo, Schatz.« Harald klang wie meistens ein bisschen heiser vom vielen Rauchen und hustete erst mal.

»Wo bist du?«

»Du, ich habe bei einem Freund übernachtet. Wir sind nach der Feier noch losgezogen, und du weißt ja, wie das geht ...« Er lachte auf wie über einen guten Witz.

»Ich habe mir Sorgen um dich gemacht!«, schrie ich ins Telefon.

Jetzt klang er ganz bedrückt. »Tut mir Leid, dass ich mich jetzt erst melde. Aber es war so eine tolle Stimmung gestern. Und nach Hause kommen konnte ich nicht mehr, weil mein Auto auf dem Parkplatz vom allbuy stand, und der war abgesperrt. Also habe ich bei Ralf übernachtet, du weißt doch, der aus der Buchhaltung ...«

Ich legte ohne weiteren Gruß den Hörer auf und bekam erst mal wieder einen depressiven Anfall.

Da stimmte etwas nicht, irgendwas passte nicht zusammen ...

Wieso hatte er überhaupt in Erwägung gezogen, mit dem Auto nach Hause zu fahren? War doch klar, dass er auf einer Weihnachtsfeier die Finger nicht vom Alkohol lassen konnte.

Ich fand seine Erklärung und die Art, wie er sie mir vermittelt hatte, merkwürdig.

Am späten Sonntagnachmittag stellte ich ihn zur Rede.

Es war ein unangenehmes Gespräch, bei dem Harald sich wand wie ein Aal und ich immer weiter nachbohrte, bis sich endlich herausstellte, dass er mit Verena, der neuen Kassiererin, in ihr Apartment gefahren war und auch mit ihr geschlafen hatte.

Ich warf das Glas Cola, das vor mir auf dem Wohnzimmertisch stand, mit voller Wucht gegen die Wand und hätte es am liebsten auf Harald geschmettert.

Ich wurde so dermaßen aggressiv, wie ich mich selbst

noch nie erlebt hatte. Am liebsten wäre ich mit beiden Fäusten auf ihn losgegangen, aber ich konnte mich gerade noch beherrschen. Schließlich saß Sven im Zimmer nebenan, und Markus lag auf der Krabbeldecke vor mir und spielte mit einem Fühlbär.

Nicht nur dass er unsere Existenz vernichtete, nun betrog er mich auch noch, während ich ihm den Rücken freihielt, mich um die Kinder, den Haushalt und unsere Finanzen kümmerte.

Es war so erniedrigend.

Wohin bist du da geraten?

Ich erinnerte mich an unsere »wilden Zeiten«, als wir nicht genug voneinander bekommen konnten. Wie pantasievoll, einfühlsam, rücksichtsvoll und leidenschaftlich er gewesen war, wie er es mit wenigen, aber intensiven Berührungen schaffte, mich zum Höhepunkt zu bringen, wie ihn meine Erregung selbst angetörnt hatte und wie restlos glücklich wir anschließend waren.

Der Schmerz schoss wie ein glühend heißer Strom durch meinen Körper. All das hatte er jetzt mit dieser Verena getan. »Ich weiß, dass es nicht richtig war«, sagte er nur kühl, auf die große Reue wartete ich an diesem Abend vergeblich.

»Warum hast du es dann nicht gelassen! Was willst du mir noch alles antun! Du behandelst mich wie ein Stück Dreck!« Ich schlug die Hände vors Gesicht und schluchzte auf.

»Und wie behandelst du mich?«, gab er mit einem bösen Funkeln in den Augen zurück. »Weißt du eigentlich, wie lange wir nicht miteinander geschlafen haben? Soll ich dir aufzählen, bei welchen Gelegenheiten du mich vor den

Kopf gestoßen hast? Du zuckst ja schon zusammen, wenn ich nur in deine Nähe komme. Ich bin ein Mann, ich habe meine Bedürfnisse. Ich hätte es gern von dir bekommen, aber du verweigerst dich konsequent.«

»Wie soll ich den Mann lieben, der mein Leben ruiniert? Soll ich dir im Bett auch noch meine Dankbarkeit dafür zeigen, ja?«

Wir drehten uns im Kreis, warfen uns Vorwürfe an den Kopf und zerschlugen mehr Porzellan als jemals zuvor.

Es gab kein Zurück mehr für uns.

Ich konnte ihm nichts mehr verzeihen.

Ich hatte schon zu viel geweint, ich war schon zu oft enttäuscht und verletzt worden, als dass ich noch Kraft und Lust verspürte, in diese Beziehung zu investieren.

Wie oft hatte ich am Fenster gestanden, die Gardine zur Seite gezogen, und mit bangem Herzen darauf gewartet, dass sein Auto um die Ecke bog.

Wie oft hatte ich am Bankschalter gestanden und gebettelt, um die nächste Woche über die Runden zu kommen …

Ich war innerlich leer und tot, und dass er mich jetzt auch noch betrogen hatte …

Ich wusste keinen Ausweg.

Was sollte ich tun?

Wo sollte ich hin?

Ich war nicht in der Lage, zwei kleine Kinder zu versorgen … Zu meinen Eltern zurückzukehren? Die Demütigung wäre zu groß für mich …

Überhaupt irgendjemandem zu gestehen, dass unsere Ehe ein einziges Desaster war, weil mein über alles geliebter Harald das komplette Einkommen und noch viel mehr in Spielhallen verprasste ...

Alle erinnerten sich noch an unsere wunderbare Hochzeit, wir waren ein Traumpaar gewesen, bewundert und beneidet von vielen. Ich brachte es nicht über mich, zuzugeben, dass alles eine große Lüge war.

In Gedanken beschäftigte ich mich nun täglich mit einer Trennung.

Mal überlegte ich, heimlich bei Nacht und Nebel mit den Kindern abzuhauen, dann plante ich, zu meiner Oma ins Sauerland zu fahren.

Letztendlich blieben das aber alles nur Fluchtphantasien.

Es erschreckte mich, als ich mir zum ersten Mal ausmalte, wie es wohl wäre, wenn Harald tatsächlich einen Autounfall hätte, wie ich es in jener verhängnisvollen Nacht vermutet hatte.

Wenn er sterben würde, wäre ich alle Sorgen los ...

Hatte er nicht auch mal eine Unfallversicherung abgeschlossen? Ich wühlte in seinen Unterlagen, fand aber keine Policen. Wir hatten ja längst alle Versicherungen gekündigt, die über die gesetzlichen Vorschriften hinausgingen.

Ich erkannte mich selbst nicht mehr. Ich wünschte dem Mann, der die Liebe meines Lebens gewesen war, den Tod an den Hals.

Wenn ich wieder einmal bis spät in die Nacht hinein im Wohnzimmer saß vor dem Fernseher und auf ihn wartete, dann kam mir nun häufig die Hoffnung, lass ihn irgendwo vor einen Baum gefahren und nicht wieder spielen gegangen sein.

Es war eine endlose Spirale, aus der es für mich kein Entrinnen zu geben schien.

Ich war es so satt, nachzurechnen, wann ich mir neue Kronen beim Zahnarzt leisten konnte.

Ich war es so satt, immer allein mit den Kindern zu sein.

Ich war es so satt, mir nicht einen Hauch Luxus leisten zu können.

Ich war dieses Leben an Haralds Seite so satt.

22. KAPITEL

Nach außen hin galten wir weiterhin als eine »Oase der Harmonie«. Der charmante Harald, die immer gut gelaunte Anke, die beiden hübschen Kinder ...

Heute kann ich mir nicht mehr erklären, warum ich dieses verlogene heuchlerische Spiel so lange mitgemacht habe.

Fast täglich musste ich mir irgendwelche Ausreden ausdenken, um keine unangenehmen Fragen und Zweifel bei der Verwandtschaft und im Freundeskreis aufkommen zu lassen.

Wenn wir zu Verabredungen nicht erschienen oder ich allein mit den Kindern auftauchte, weil Harald wieder spielen war, erfand ich Storys von Überstunden, vergessenen Terminen oder üblen Magen-Darm-Infekten, anstatt endlich um Hilfe zu schreien.

Ich habe wirklich einige enge Freunde, und auch zu meinen Eltern und zu meiner Oma habe ich ein gutes Verhältnis, aber ich brachte es nicht fertig, mich ihnen anzuvertrauen. Genauso wenig konnte ich mich den Frauen öffnen, mit denen ich früher jede Einzelheit meines Lebens bequatscht hatte. Zu Franziska hatte ich nur hin und wieder telefonisch Kontakt, sie hatte tatsächlich eine heimliche Affäre mit meinem ehemaligen Chef begonnen.

Wenn wir miteinander sprachen, ging es hauptsächlich

um sie und ihre Beziehung, was mir recht war. So kam ich nicht in die Verlegenheit, über ein erträgliches Maß hinaus schwindeln zu müssen.

Von Beatrice hörte ich nur noch selten etwas. Sie war ganz in ihr Studium vertieft.

Nach außen hin wollte ich das Bild von der kleinen perfekten Familie unbedingt aufrechterhalten, aber es wurde von Jahr zu Jahr schwieriger.

Es zerriss mich.

Wenn ein Freund anrief und fragte: »Wann ist denn der Harald da? Ich muss dringend mit ihm sprechen.«, dann antwortete ich: »Er hat um sechs Uhr Feierabend.«

»Gut, dann melde ich mich gegen halb sieben noch mal.«

Er rief um sieben wieder an, und Harald war immer noch nicht da.

Ich erfand immer wieder neue Ausreden. In mir brodelte der Zorn auf meinen Ehemann, der mich zu solch unangenehmen Gesprächen zwang.

Ich wusste, warum er nicht pünktlich war, aber ich sagte nicht: »Der ist irgendwo zocken.«, sondern lobte Harald für seinen Arbeitseifer. »Du weißt ja, wie wichtig er seine Arbeit nimmt. Der ist ein Workaholic. Gegen acht ist er sicherlich da. Dann kannst du dich gern wieder melden ...«

Derjenige rief um acht Uhr an, doch Harald war nach wie vor unterwegs. Ich lachte fröhlich ins Telefon und machte Späße über Haralds Arbeitswut. Innerlich tobte ich.

Heute weiß ich, dass diese »dringenden Anrufe« auch oft von Freunden und Bekannten waren, denen Harald Geld schuldete. Von all den Leuten, bei denen er sicher sein konnte, dass sie keine persönlichen Gespräche mit mir führen würden, hatte er sich Geld »geliehen«. Bei dem einen 100 DM, bei dem nächsten 300 DM, mit denen er den ersten ausbezahlte, um die übrigen 200 DM wieder verzocken zu können. Den, den er ausbezahlt hatte, konnte er im nächsten Monat wieder anpumpen ...

Er hatte sich innerhalb seines »Freundeskreises« über lange Zeit ein Netz von Geldgebern aufgebaut, das am Ende zerriss. Einige Leute, die monatelang auf 50 oder 100 Mark warteten, schrieben das Geld ab und Harald gleich mit. Sie sahen es als Lehrgeld an: Für sie war er kein fairer Freund, sondern ein Schmarotzer.

Andere, die ihm mehr Geld gegeben hatten, bestanden beharrlich auf ihrem Recht.

Wie Harald sich da herausmanövrierte, ist mir nicht klar. Ob er selbst den Kontakt abbrach, ob er abstritt, jemals Geld bekommen zu haben, oder ob er es sich auf anderem Wege besorgte – ich habe keine Ahnung.

23. KAPITEL

Mit Haralds Karriere ging es steil bergauf. In der Süßwaren-Firma war nie jemandem aufgefallen, dass Harald die Hälfte der Einnahmen verzockte und wir die Rechnungen aus eigener Tasche beglichen.

Ich tat mein Möglichstes, um zu verhindern, dass Harald irgendwelche Firmen-Gelder unterschlug. Das hätte uns noch gefehlt, dass er kriminell würde.

So wurden neue Kredite vereinbart und bis zum äußersten Limit in Anspruch genommen.

Ich vermute, dass in den ganz schlimmen Zeiten, in denen Harald zwei Wochen lang jeden Abend das Geld verspielte, in der Buchhaltung getuschelt wurde. Aber mein Mann war beliebt und gern gesehen. Wenn er mit einem redete, lächelte und seinen ganzen Charme einsetzte, verzieh man ihm vieles.

Es ist schwer zu beschreiben, wie Harald auf andere wirkt – er ist nicht der Typ »schmieriger Heiratsschwindler«, den jede Frau mit Verstand sofort durchschaut, sondern er kommt wirklich authentisch rüber, wie ein großer netter kluger Junge.

Allerdings konnte ich mir nach der Affäre Verena auch vorstellen, dass er, um seinen Einfluss und seine Rückendeckung zu stärken, das ein oder andere Verhältnis mit Sekretärinnen oder Buchhalterinnen am Laufen hatte.

Vielleicht glaubte er, er hätte sowieso ein Recht auf außereheliche Eskapaden, da ich stur jede Intimität mit ihm vermied.

Auch heute noch, nachdem das ganze Lügengebäude zusammengefallen ist, würde wahrscheinlich kein Mensch sagen, der Harald ist ein Mistkerl. Alle Freunde und Bekannten, sämtliche Firmen, für die er gearbeitet hat, standen im Endeffekt hinter ihm.

Nur ich musste unter seiner Verantwortungslosigkeit leiden. Dennoch vertuschte ich jahrelang seinen wahren Charakter gegenüber allen anderen.

Als ich dann endlich den Mund aufmachte und um Hilfe schrie, bekam ich die Auswirkungen meiner eigenen Überzeugungskraft und meiner jahrelangen hartnäckigen Bemühungen, Harald nach außen hin Profil und Charakter zu verleihen, zu spüren.

Man glaubte mir zwar, dass wir finanziell am Ende waren – ich konnte notfalls sogar die Unterlagen vorweisen –, aber der Harald – dass der so ein schlechter Kerl sein sollte! Niemals! Der war da irgendwie hineingerutscht, ein paar warme Worte, ein Schulterklopfen, und er würde schon wieder zur Besinnung kommen.

Ich wünschte, es wäre so einfach gewesen.

Harald wechselte die Firma und verdiente noch mehr Geld. Alles verschwand in den Automaten: Weihnachtsgeld, Urlaubsgeld, Spesenerstattung, Geburtstagsgeld, Rückzahlungen vom Finanzamt ...

Bis auf die kurzen Flitterwochen in Holland sind wir nie in Urlaub gefahren, zu Weihnachten haben wir uns nie etwas geschenkt.

»Du musst eine Therapie machen«, sagte ich eines Abends mit monotoner Stimme zu Harald.

Ich stieß überall an meine Grenzen und konnte den Absturz unserer Existenz nicht mehr aufhalten. Harald war wieder einmal erst weit nach zehn Uhr heimgekehrt.

»Und was soll das bringen?«, fragte Harald müde. »Mir kann keiner helfen. Ich kenne meine eigenen Fehler.«

»Es gibt keine andere Möglichkeit. Du bist süchtig wie ein Junkie nach seinem Stoff und kommst ohne Hilfe nicht davon los.«

»Ach, hör auf mit süchtig ... Wenn ich möchte, kann ich es jederzeit sein lassen.«

Ich schlug die Hände vors Gesicht vor lauter Resignation und Verzweiflung. Wenn er wollte, käme er da heraus! Wie absurd! Das hieße ja, er triebe uns sehenden Auges und mit Vorsatz ins Unglück.

In meiner Hilflosigkeit setzte ich einmal mehr das letzte Druckmittel ein, das mir blieb.

»Wenn du dich nicht therapieren lässt, werde ich dich verlassen. Ich kann nicht mehr, Harald, ich bin diese Lügen, diese Scheinwelt, diese ständigen Sorgen so leid ... Ich werde mit den Kindern gehen, wenn du dich nicht änderst.«

Es dauerte eine Weile, bis er antwortete.

Mir erschien es, als wäge er ab, wie ernst ich es diesmal meinte. »Okay, wenn es dir so wichtig ist, dann werde ich es zumindest versuchen. Aber ich sag dir gleich: Ich verspreche mir nichts davon.«

Ich versprach mir auch nicht mehr viel, aber ich sah einen winzigen Hoffnungsschimmer.

Diesmal würde ich ihn zur Suchtberatung begleiten und mich nicht abspeisen lassen.

Ich war von seiner Sucht genau so betroffen wie er selbst.

Und ich würde gegenüber den Fachleuten klar zum Ausdruck bringen, dass ich der Überzeugung war, dass mein Partner weder allein noch in der Gruppe zur »Selbsthilfe« fähig war.

Er brauchte eine umfassende Therapie, wie sie Matthias gemacht hatte.

Es war Haralds letzte Alternative. Auch wenn der Erfolg nicht hundertprozentig sicher war, wie man an Matthias sah. Aber der Weg in die Suchtfreiheit ist von Höhen und Tiefen geprägt. Mattias hatte offensichtlich einen Rückfall erlitten, als Harald ihn in der Halle getroffen hatte. Das hieß aber nicht, dass das Therapie-Konzept nicht aufgegangen war.

Wichtig ist vor allem, am Ball zu bleiben und sich nicht jammernd seinem Schicksal zu ergeben.

Ich bezweifelte, dass Harald jemals dazu fähig sein würde.

24. KAPITEL

Hatte ich mich bei dem Gespräch mit Matthias schon erleichtert, aufgefangen und verstanden gefühlt, so war der Termin bei der Suchtberatung zunächst wie eine Erlösung für mich.

Harald und ich saßen vor dem Psychologen Michael Zehren, einem großen grauhaarigen gut aussehenden Mann, einem anderen als bei Haralds erstem Termin in der Beratungsstelle, wie er mir zuflüsterte.

Nachdem wir kurz den Anlass für unseren Besuch umrissen hatten, sprudelte es förmlich aus mir heraus.

Ich vergaß, dass Harald neben mir saß und er derjenige war, der das Problem hatte, so dankbar war ich, einen Gesprächspartner zu haben, dem ich nicht viel erklären musste, sondern der Erfahrungen mit Süchtigen jeder Kategorie hatte.

Ich schilderte unser Kennenlernen, unsere Verlobungszeit, die Hochzeit, die gemeinsamen Jahre als Ehepaar, versuchte, meine depressiven Momente zu begründen, und erläuterte, wie erdrückend der Schuldenberg auf uns lastete.

Ich versuchte, meine eigene Küchenpsychologie über Ursachen und Persönlichkeitsmerkmale außen vor zu lassen, weil ich mich nicht als informiert und sachverständig darstellen wollte, sondern meine Hilflosigkeit aufzeigen wollte.

Ich brauchte keine Bestätigung, ich brauchte Unterstützung im Kampf um mein Leben und das unserer Kinder.

Nach etwa 15 Minuten hielt ich inne und blickte Harald an, der mit ernster Miene zugehört hatte.

Zehren forderte ihn auf, nun die Problematik aus seiner Sicht zu schildern.

Wieder einmal wurde ich Zeuge, wie sympathisch er auf Fremde wirkt. Er ging schonungslos und auf wirklich gewinnende Weise mit sich selbst ins Gericht, beschönigte nichts, sondern fand die richtigen Worte, um den Psychologen umfassend ins Bild zu setzen.

Er erzählte von seiner suchtfreien Zeit, die bislang maximal drei Monate gedauert hatte, was ich selbst nicht gewusst hatte.

Jedes Mal hätte er dann wieder angefangen, weil er glaubte, das Spielen nach dieser langen Abstinenz kontrollieren zu können.

Zunächst ging er dann mit abgezähltem Geld in eine Spielhalle, um sich ein bisschen »zu vergnügen«, doch am nächsten und übernächsten Abend musste er einsehen, dass der »Spielteufel« ihn wieder gefangen hatte.

»Manchmal habe ich daran gedacht, Schluss zu machen. Von der Autobahnbrücke zu springen, Tabletten zu nehmen, doch dann fehlte mir der Mut dazu. Ich bin nicht gut für meine Familie, ich treibe sie mit meinem schlechten Charakter immer weiter ins Unglück. Ich denke manchmal, dass ich es gar nicht wert bin zu leben.«

Ich wunderte mich darüber, wie ernst Harald dieses Gespräch nahm.

Nachdem er nur so widerwillig zugestimmt hatte, sich beraten zu lassen, war ich davon ausgegangen, dass er nur halbherzig dabei sein würde. Aber er legte die Karten auf den Tisch, was mich in diesem Moment für ihn einnahm.

Wenn diese einsichtige und ehrliche Denkweise doch nur dauerhaft wäre. Sie wäre die beste Basis zur »Selbsthilfe«.

Was Zehren sich dabei dachte, weiß ich natürlich nicht. Vielleicht kannte er mehrere Süchtige, die sich so gut verkaufen konnten?

Mir gefiel die freundliche, aber distanzierte Art des Psychologen; er hatte nach wenigen Minuten mein Vertrauen gewonnen.

»Sie haben bereits mehrere Versuche unternommen, mit dem Spielen aufzuhören, Herr Tillmann«, stellte er fest, nachdem er zuvor nur genickt und zugehört und kleine Zwischenfragen gestellt hatte.

Harald nickte. »Am meisten habe ich mir von der Selbsthilfegruppe versprochen, das war mein ernsthaftester Versuch. Aber es hat auch nicht geklappt.«

Ich lauschte dem Gespräch zwischen den beiden interessiert.

Zehren machte sich Notizen, während er weiter sprach. »Was meinen Sie, warum Sie es nicht geschafft haben?«

Harald dachte über die Frage nach. »Ich weiß es nicht so genau ... Ich meine, ... ich habe keine Ahnung, wo und wie ich mich erholen soll, zur Ruhe kommen soll ... ohne die Automaten. Das ist der einzige Ort, an dem ich diesen ... diesen Druck loswerden kann. Wie sich dieser Druck aufbaut, ist mir selbst nicht klar. Ich weiß nicht, warum ich es schaffe, drei Monate lang nicht zu spielen, und dann jeden Abend wieder losziehe. Es hat sicher irgendetwas mit Stress zu tun, aber nicht ausschließlich.«

»Es gibt viele Methoden, sich zu entspannen. Andere Leute machen Yoga, treiben Sport, kochen, betätigen sich kreativ, gehen in die Sauna. Was davon haben Sie ausprobiert?«

Ich sah, dass sich Haralds Wangen leicht röteten. »Eine Zeit lang habe ich Squash mit einem Freund gespielt. Aber auf Dauer war das kein Ersatz für das Spielen.«

»Wie ernsthaft sind Sie denn daran interessiert, Ihre Probleme zu meistern? Wollen Sie wirklich aufhören zu spielen?«

Für meinen Geschmack schwieg Harald viel zu lange. Ich wurde ganz unruhig auf meinem Stuhl. »Du willst doch aufhören, das hast du doch immer gesagt«, warf ich ein.

Harald ignorierte meine Bemerkung und blickte den Psychologen an. »Ich habe Angst, meine Familie zu verlieren, wenn ich nicht aufhöre zu spielen.«

»Ihre Familie ist Ihnen wichtig?«

»Sehr.«

»Und wie wichtig sind Sie sich selbst?«

Ich sah Harald an, dass er die Frage ungewöhnlich fand und ausnahmsweise mal keine glatte Antwort darauf wusste.

Zehren ließ die Frage im Raum stehen und wandte sich mit einem Lächeln an mich. »Es ist richtig, dass Sie heute mitgekommen sind, Frau Tillmann. Die Behandlung eines Süchtigen hat viel größere Aussicht auf Erfolg, wenn die Angehörigen einbezogen werden. Obwohl die meisten Ehefrauen und Mütter glauben, ihr Bestes zu tun, unterstützen sie mitunter durch ihr Verhalten die Sucht des Partners oder des Sohnes.«

Nun war ich diejenige, die in Verlegenheit geriet.

Aber die klaren Worte Zehrens waren mir lieber als schwammiges Geschwätz. Es tat mir gut, dieses Gefühl, dass er wusste, worum es ging.

Ich hätte gerne meinen ganzen Sack Probleme auf seinem Schreibtisch ausgeschüttet. Aber ich ahnte, dass es nicht so leicht sein würde. Dieses Paket mussten wir selber schultern, Harald und ich.

»Frau Tillmann, wie sehen Sie denn die Beziehung zu Ihrem Mann? Hat Ihre Partnerschaft noch Bestand?«

Hatte ich zuvor auf der Stuhlkante gesessen, als hätte ich einen Stock verschluckt, sank ich nun in mich zusammen.

Was sollte ich diesem Mann erzählen?

Wie bleischwer mich der Schuldenberg belastete?

Wie oft ich vergeblich auf meinen Mann gewartet hatte?

Dass ich seit Jahren keine Lust mehr auf Sexualität hatte?

Dass er mich mindestens einmal mit einer wesentlich hübscheren jungen Frau betrogen hatte?

Tausend Erinnerungsfetzen wirbelten durch meinen Kopf, keinen davon konnte ich in Worte fassen.

»Ich weiß es nicht«, war das Einzige, was ich hervorbrachte.

Dem Psychologen in diesem kleinen schmucklosen Büro einzugestehen, dass unsere Ehe nur noch eine Belastung für mich war, das brachte ich nicht fertig. Ich hätte es wie einen Dolchstoß empfunden.

Oder wie einen Abgesang auf alles, was mal schön zwischen uns gewesen war.

Ich war froh, dass er darauf verzichtete, weiter nachzufragen, und sich an Harald wandte. »Wie sehen Sie das?«

Kein Problem für meinen sprachgewandten Mann. »Wir hatten unsere Krisen, zweifellos, ich habe viele Fehler gemacht. Ich bin froh, dass meine Frau immer zu mir gehalten hat. Ich liebe sie sehr, auch wenn ich weiß, dass ich sie und die Kinder verliere, wenn ich nicht mit dem Spielen aufhöre.«

Nach dem einstündigen Gespräch empfahl uns Zehren, eine Paartherapie zu absolvieren. Außerdem sollte sich Harald in psychologische Behandlung begeben – er nannte ihm drei Adressen von Therapeuten –, und er müsse unbedingt die Arbeit in der Selbsthilfegruppe wieder aufnehmen.

Ob das ausreiche? Mir schien es nicht genug zu sein.

Ich erkundigte mich nach der Fachklinik für Drogenabhängige, in der Matthias gewesen war. Für einige Wochen ganz aus dem Verkehr gezogen zu werden, sich um hundertachtzig Grad neu zu orientieren – war es nicht das, was Harald brauchte? Was hatte eine Therapie sonst für einen Sinn?

Ein stationärer Aufenthalt wäre zwar aussichtsreicher, bestätigte Zehren, würde aber bedeuten, dass er für mehrere Monate freigestellt werden müsste und aus seinem stabilen Umfeld gerissen würde.

Angesichts von Haralds sicherer Arbeitsstelle, die ihm auch Rückhalt bot, könnte er uns diesen Weg zu diesem Zeitpunkt nicht empfehlen.

»Gibt es eine Möglichkeit, von außen zu kontrollieren, ob man die Therapie-Termine wahrnimmt und regelmäßig zur Selbsthilfegruppe geht?«, erkundigte ich mich hoffnungsvoll.

Ich ahnte schon, wie lange es wieder dauern würde, bis Harald aufgab. Vielleicht tat ihm eine Kontrolle gut?

Zehren lächelte. »Wir helfen hier bei der Entscheidungsfindung, Frau Tillmann. Den Willen müssen Sie, beziehungsweise Ihr Mann«, er nickte Harald zu, »selbst aufbringen.«

Er blickte Harald ernst an. »Wenn Sie nicht aufhören wollen zu spielen, kann Ihnen niemand helfen.«

Mit gemischten Gefühlen verließ ich das Beratungsbüro an Haralds Seite.

»Jetzt geht es bergauf, Anke«, sagte er gut gelaunt und nahm meine Hand.

Ich entzog sie ihm. »Wir werden sehen«, erwiderte ich.

25. KAPITEL

Über die Paartherapie verloren wir nicht viele Worte. Wir waren uns einig, dass wir es allein hinkriegen konnten, unsere Partnerschaft wieder auf sichere Füße zu stellen. Wir wussten ja, wie es geht, wir hatten es lange praktiziert. Wenn Harald nur mit dem Spielen aufhören würde, wenn wir nur den Schuldenberg abtragen könnten, dann würde sich auch unsere Beziehung wieder verbessern. Davon war ich überzeugt.

Es machte mir Mut, dass Harald gleich in derselben Woche die Arbeit in der Selbsthilfegruppe wieder aufnahm.

Er erzählte, dass viele neue Leute hinzugekommen seien, Matthias sei aber auch noch mit dabei. Er hatte sich sehr gefreut, Harald wieder zu sehen, aber das Verhältnis zwischen den beiden blieb distanziert und gehemmt, seit sie »ihr kleines Geheimnis« miteinander teilten.

Nachdem die Krankenkasse ihr Okay gegeben hatte, bekam Harald vier Wochen später den ersten Termin bei einer Psychotherapeutin, und das auch nur, weil Zehren interveniert und die Dringlichkeit betont hatte.

Psychologische Praxen können über mangelnden Zulauf heutzutage nicht klagen.

Ich spürte, dass Harald Angst vor diesem Termin hatte, und fragte ihn nach dem Grund.

»Ich weiß auch nicht«, sagte er ausweichend. »Ich rede schon so viel in der SHG über mich, und nun kommt noch jemand dazu, der mein Leben auseinander pflücken will. Wer weiß, was die alles wissen will und daraus für Schlüsse zieht. Und darauf habe ich nun wirklich keine Lust.«

Ich seufzte schwer. »Du hast doch gehört, was Zehren gesagt hat. Du musst andere Möglichkeiten zur Entspannung finden.«

»Na toll. Meinst du nicht, die finde ich auch ohne dass eine Psychotante sich auf mich stürzt?«

Ich konnte diese Art der Argumentation nicht mehr hören. Aggressionen stiegen langsam in mir auf. »Offenbar nicht! Sonst wärst du ja suchtfrei!«

Und damit war das Gespräch beendet.

Harald wandte sich dem PC zu, auf dem er ein neues Spiel installiert hatte, und warf mir über die Schulter zu: »Ich hab gesagt, ich gehe, also gehe ich auch. Aber ich denke, es ist Zeitverschwendung.«

Als er sich vier Wochen später an einem Montagabend auf den Weg machte, war ich wieder für einen Moment voller Zuversicht.

Ich wartete gespannt auf seine Rückkehr, um alles zu erfahren, aber Harald war sehr in sich gekehrt.

Er nahm mich kurz in die Arme, ich ließ es zu.

»Ich bin hundemüde, Anke«, sagte er dann nur.

Er verschwand im Schlafzimmer. Ich war zu neugierig, um seinen Rückzug zu tolerieren. Doch als ich an der geschlossenen Tür zum Schlafzimmer stand und auf einmal lautes Weinen hörte, zögerte ich.

Ein paar Sekunden lang wartete ich unentschlossen,

dann drehte ich mich um und ging wieder ins Wohnzimmer.

Ich würde in dieser Nacht auf der Couch schlafen.

Genau dreimal gelang es mir, Harald dazu zu überreden, die Termine bei der Psychotherapeutin wahrzunehmen. Es war von Anfang an zum Scheitern verurteilt, denn er nahm diese Hilfe nur aufgrund meiner Erpressung an.

In dem Wenigen, was Harald von der Therapie berichtete, schimmerte durch, dass die Psychologin sich zwar nicht lange mit seiner Vergangenheit auseinander setzte, ihn aber dennoch richtig hart herannahm. Sie ging mit ihm Verhaltensregeln durch, die er einzuüben und beizubehalten hatte, wenn er Suchtfreiheit anstrebe.

Ihm wurde nicht etwa, wie er vielleicht insgeheim gehofft hatte, ein neues Leben in den Schoß gelegt, sondern er musste es sich mit großer Kraftanstrengung erkämpfen.

Die Psychologin konnte dabei nur seine Wegbegleiterin sein.

Solange Süchtige nicht freiwillig bereit sind, aus dem Teufelskreis auszubrechen, dringt nichts an sie heran. Dann wirft sie jeder Widerstand zurück, jede Hürde erscheint unüberwindbar. Genau wie es Zehren formuliert hatte: Den Willen und die Beharrlichkeit musste er selbst aufbringen.

Das schaffte Harald nicht.

Er beendete die Therapie, ich vergaß meine Androhung, und alles lief weiter wie zuvor.

Einen Monat lang verdrängte ich alles, was mich innerlich auffraß, kümmerte mich intensiv um die Kinder und spielte weiterhin nach außen die heile Familie.

Als es dann wieder einmal soweit war, dass ich demütig

vor dem Bankschalter stand und um eine letzte Erhöhung des Kredits bat, nachdem Harald am Abend zuvor mit dem kompletten Inhalt der Haushaltskasse für mehrere Stunden verschwunden war und ohne einen Pfennig in der Tasche nach Hause gekommen war, zerriss der Knoten: Ich erkannte, dass ich Harald tatsächlich verlassen musste, wenn er sich nicht erfolgreich therapieren ließ, und dass ich mich jemandem anvertrauen musste. Sonst würde ich zugrunde gehen. Ich brauchte einen Ansprechpartner in meinem Freundes- und Verwandtenkreis.

Hanne hatte in all den Jahren immer mal wieder zaghaft nachgefragt. Doch ich hatte ihre Versuche, mein Vertrauen zu gewinnen, abgeblockt. Auch ihr gegenüber hatte ich das Lügengebäude aufrechterhalten, so wie es ihr wohl auch recht war. Es machte sie glücklich zu hören, dass ihr Sohn mit seiner Familie ihr »keine Schande bereitete«.

Ich bediente ihre Illusion – einerseits aus Bequemlichkeit, andererseits weil es mir zu manchen Zeiten sicher auch an Realitätssinn mangelte.

Ich entschied mich, meine eigene, bis dahin völlig ahnungslose Mutter einzuweihen.

Noch am selben Nachmittag fuhr ich mit dem Bus, Markus im Kinderwagen, Sven an der Hand, zu meinen Eltern.

Meine Mutter war erstaunt, als sie mich mit den beiden Kindern vor der Tür stehen sah. Ich bin nicht der Typ, der jeden Nachmittag irgendwo Kaffee trinkt oder regelmäßig mit der eigenen Mutter zusammen hockt, zumal das mit Sven und Lukas viel zu anstrengend war.

Sie merkte sofort, dass etwas nicht in Ordnung war.

»Was ist passiert?«, fragte sie direkt, nachdem wir uns

begrüßt hatten und die Kinder über die »Überraschungskiste« hergefallen waren, die die Oma mit Playmobil, Dinosauriern, Jojos und anderen Spielsachen gefüllt für sie parat hielt.

Ohne Umschweife begann ich zu erzählen.

Wie froh war ich, endlich mein Schweigen zu brechen. Ich erkannte, unter welchem Druck ich bisher gestanden hatte und wie destruktiv es gewesen war, mich immer wieder schützend vor Harald zu stellen, anstatt ihn endlich fallen zu lassen.

Ich redete und redete, in nicht zusammenhängenden Sätzen, ungeordnet. Tränen liefen über meine Wangen.

Meine Mutter fiel aus allen Wolken.

»Spielsüchtig? Was soll das sein? Ich kenne Alkoholiker, Drogenabhängige ... aber wie kann man vom Spielen süchtig werden? Damit hört man wieder auf, wenn man nicht mehr mag oder kein Geld mehr in der Tasche hat.«

Genau das, was ich auch angenommen hatte.

Inzwischen wusste ich es besser.

»Doch, Mutter, es ist eine Sucht.« Ich zog ein weiteres Tuch aus der Kleenexbox, die meine Mutter mir über den Tisch zugeschoben hatte. »Er kann es nicht lassen. Wir haben schon so viel versucht, immer habe ich gehofft, dass er wieder zur Besinnung kommen würde. Doch nun hat er seine Therapie abgebrochen. Gestern war er spielen. Ich weiß nicht, ob zum ersten Mal seit langer Zeit, oder ob es mir nur diesmal aufgefallen ist. Er betrügt und belügt sein gesamtes Umfeld seit Jahren, ich habe schon lange den Durchblick verloren. Wir stehen finanziell am Abgrund. Die Bank gibt mir nichts mehr.«

Sie schüttelte den Kopf und war mehrere Sekunden

sprachlos. »Es ist mir ein Rätsel, warum du dann noch mit ihm zusammen bist. Wieso hast du es so weit kommen lassen?«

Ich musste wieder heulen.

Das war die Frage, auf die ich selbst keine Antwort wusste. Von Liebe konnte keine Rede mehr sein. Vielleicht wollte ich mir nicht eingestehen, dass mein ganzes Leben Lug und Betrug war.

Aber ich spürte, dass ich nun, da ich mich meiner Mutter anvertraut hatte, auf dem richtigen Weg war. Raus aus der Isolationshaft mit Harald.

Ich war nicht mehr allein, auch wenn ich mir Fragen und Vorwürfe anhören musste.

Gerade weil die Diskrepanz zwischen Realität und Illusion so groß war, fiel es mir anfangs schwer, mich engen Freunden und Verwandten anzuvertrauen.

Wir waren in der ganzen Familie und in unserem Bekanntenkreis die Vorzeigefamilie. Sicher, dass Harald etwas unzuverlässig war, war all denjenigen aufgefallen, die wir bei Verabredungen versetzt hatten, aber das verzieh man ihm, dem unterhaltsamen Freund, dem zärtlichen Vater, dem guten Sohn und Schwiegersohn.

Bei jeder Gelegenheit hatte meine Mutter betont, dass sie sich keinen besseren Schwiegersohn wünschen konnte, und für meinen Vater war er ein feiner Kumpel.

Sie hatten ihn aufgenommen wie einen Sohn in der Familie, und nun enthüllte ich ihn als Wolf im Schafspelz.

Es fiel meinen Eltern nicht leicht, ihr Bild von Harald zu korrigieren, aber ich konnte sie nicht mehr verschonen, ich hatte mich lange genug alleine gequält.

Ich brauchte Hilfe und Mitwisser.

Doch selbst in dieser Situation brachte ich es nicht über mich, die Zahlen auf den Tisch zu legen. Ich deutete nur an, in welchem Ausmaß wir geschädigt waren, vermied es aber, Summen zu nennen; vielleicht, weil ich selbst nicht wahrhaben wollte, was ich da zugelassen hatte.

»Ich brauche deine Hilfe, Mutter«, sagte ich am Ende.

»Willst du die Scheidung?« Sie wurde blass bei der Vorstellung. Offenbar brauchte sie noch eine Weile, um zu verdauen, dass Harald nicht der Mensch war, für den ihn alle hielten.

Im Grunde hätte sie mich zu dem Zeitpunkt bereits zur Scheidung drängen sollen, nach dem Motto: Besser ein Ende mit Schrecken als ein Schrecken ohne Ende.

Aber ich konnte nicht verlangen, dass sie innerhalb von zwei Stunden verstand, was ich selbst nach Jahren noch unfassbar fand, immer wieder verdrängte und mir in seinem ganzen Ausmaß nicht vor Augen halten wollte.

Ich überließ es meiner Mutter, meinem Vater alles zu erzählen. Der Stein war jetzt ins Rollen gekommen.

Die Reaktion meiner Eltern überraschte mich wenig. Nachdem sie den ersten Schock verdaut hatten, waren sie von Mitleid für den »lieben Jungen« ergriffen.

Sie sprachen ihm Mut zu, versicherten ihm ihre Zuneigung und rieten ihm eindringlich, die Psychotherapie wieder aufzunehmen, dann würde sich schon alles regeln.

Sie machten ihm keine Vorwürfe.

Sie verurteilten ihn nicht.

Sie sahen seine Spielsucht wie einen kleinen Makel an einem sonst großartigen jungen Mann mit einer glänzenden Karriere.

Wie hatte ich nur hoffen können, dass ein einziger Nachmittag genügen würde, all den Schmerz loszuwerden, der mich seit Jahren begleitete.

Harald und ich hatten bezüglich der Täuschung unserer Familie und unserer Freunde ganze Arbeit geleistet. Das harmonische Bild saß fest in ihren Köpfen.

26. KAPITEL

Eine Woche später, an einem Freitag – meine Eltern erholten sich für ein paar Tage in einem Ferienhaus an der Nordsee –, stand ich wieder am Fenster und wartete darauf, dass sein Auto um die Ecke bog.

Er kam gegen elf, und als ich ihm in die Augen sah, brauchte ich keine Fragen zu stellen.

Ich fiel völlig in mich zusammen, sank auf den Boden und vergrub das Gesicht in den Händen.

Was sollte ich bloß tun ... Alle Hoffnung war umsonst gewesen, nichts würde sich ändern, niemals.

Ich war so allein.

Ich hatte das Gefühl, ein großes schwarzes Tuch würde auf mich herabsinken und mir die Luft zum Atmen nehmen.

Ich musste raus hier, so schnell wie möglich, sonst würde etwas in mir kaputtgehen, das vielleicht niemals mehr wieder heilen würde.

Ich stand auf und ging in die Küche, wo Harald den Kühlschrank inspizierte, als sei er gerade wie jeder normale Familienvater von der Arbeit hungrig nach Hause gekehrt.

Meine Stimme klang wie die von jemand anderem, als ich ihm mitteilte: »Ich fahre morgen übers Wochenende zu meinen Eltern nach Holland. Ich lasse dir die Kinder hier.«

Er blickte mich überrascht an, ohne dass sich an dem Ausdruck in seinen Augen etwas änderte. »Wie stellst du dir das vor? Wie soll ich hier allein zurechtkommen.«

»Ich komme seit Jahren Tag für Tag allein zurecht, also wird dir das für ein Wochenende auch gelingen. Ich nehme das Auto und fahre morgen gegen vier Uhr in der Früh.«

»Nimm doch die Kinder mit. Denen täte ein bisschen Abwechslung auch gut.«

»Nein. Ich möchte allein sein.«

Ich ließ keine weitere Diskussion zu, machte einfach dicht.

Wie ein Roboter suchte ich meine Reisetasche, warf ein paar Sachen hinein und stellte sie dann neben mein Bett.

Ich kleidete mich aus, legte mich unter die Decke und zog sie mir zitternd über den Kopf, nachdem ich mir den Wecker gestellt hatte.

Ich fühlte mich leblos, wie erstarrt.

Ich war ganz leer und sah nur noch Schwärze.

Wenig später fiel ich in einen völlig traumlosen Schlaf. Vielleicht fühlte es sich so an, wenn man starb.

Ein schöner Gedanke, der mir keine Angst machte.

Es war noch dunkel am nächsten Morgen, als ich die Tasche in den Wagen warf und ohne ein Wort des Abschieds die Wohnung verließ.

Dass sich Harald um die Kinder kümmern würde, davon ging ich aus; zwei Tage konnten sie auf ihre Mutter verzichten.

Während der Fahrt konzentrierte ich mich auf den Verkehr und auf die Straßenkarte, die neben mir auf dem Beifahrersitz lag.

Mit durchgedrücktem Gaspedal raste ich durch die leeren Straßen. Todesmutig genoss ich den Geschwindigkeitsrausch.

Ich war in keiner guten Verfassung, das spürte ich mehr, als dass ich es dachte, aber ein Schutzengel schien sich gerade die Zeit zu nehmen, ein Auge auf mich zu haben.

Meine Mutter war noch im Nachthemd, als ich gegen acht Uhr an dem Ferienhaus ankam.

Ich muss ausgesehen haben wie ein Gespenst, denn sie verlor nicht viele Worte, sondern nahm mich in den Arm, machte »pssst«, als ich eine Erklärung zusammenstammeln wollte, und führte mich zu ihrem Bett.

Mechanisch entledigte ich mich meiner Schuhe und meiner Jeans und kuschelte mich unter das Plumeau, das noch warm war. Sie streichelte meine Haare. Ich fing an zu weinen. Erst langsam und lautlos, dann brach alles aus mir heraus. Ich zitterte und jammerte und heulte laut. Meine Mutter wiegte mich in ihren Armen, als sei ich fünf und hätte meinen Lieblingsteddy verloren.

»Es hat alles nichts genützt, Mutter, er geht auch nicht mehr in die Selbsthilfegruppe und war gestern wieder spielen. Ich weiß nicht, was ich tun soll ...«

»Na komm ...« Sie streichelte mir das Haar aus der Stirn. »Ich werde noch mal mit ihm reden. Ihr kriegt das wieder hin, hm?«

Das war nicht das, was ich hören wollte. Ich wollte nichts mehr »hinkriegen«.

Ich wollte raus aus dem Gefängnis.

Alles in mir schrie nach Hilfe. Halte zu mir, mach, dass er weggeht, mach, dass wir keine Schulden mehr haben, nimm mir das alles ab, Mama, ich kann nicht mehr, ich brauche euch. Heraus kam nur ein winselndes Weinen, das mehrere Stunden lang dauerte, ein Nervenzusammenbruch.

Ein Wunder, dass ich so lange durchgehalten hatte.

Und dann sprachen wir nicht mehr über Harald und die ganze Situation, sondern meine Mutter sorgte dafür, dass ich ein wirklich schönes Wochenende verbrachte.

Sie verwöhnte mich, als wäre ich ihr kleines krankes Mädchen, und so fühlte ich mich auch.

Ich wollte umhegt und gepflegt werden, es war wie Balsam für meine Seele. Sie ließ mich in ihrem Bett schlafen und brachte mir später Kaffee und knusprige Brötchen mit Butter und Honig ans Bett.

Am Nachmittag unternahmen wir einen ausgedehnten Strandspaziergang, mein Vater, meine Mutter und ich.

Ich hielt mein gerötetes, erhitztes Gesicht in den Wind und atmete tief ein. Die Luft erschien mir rein und heilsam.

Abends saßen wir vor dem Kamin, spielten Monopoly und tranken Kakao aus großen Bechern. Am nächsten Tag bummelten wir über die Strandpromenade, kauften uns Heringe und Krabben und aßen sie mit den Fingern, während wir auf der Strandmauer saßen, die Beine baumeln ließen und den Wellen und Möwen zuschauten.

Meine Eltern taten instinktiv das Richtige, indem sie nicht wieder und wieder mit mir nach Lösungen suchten, die es ohnehin nicht gab, sondern indem sie mich ablenkten und verwöhnten.

Das schwarze Tuch hatte sich gehoben, als ich am Sonntagabend – mit angemessener Geschwindigkeit – nach Hause fuhr.

Ich freute mich auf Markus und Sven und bekam nun

doch ein schlechtes Gewissen, weil ich ihnen noch nicht mal einen Kuss zum Abschied gegeben hatte.

Meine Eltern begleiteten mich nach Hause. In ihrem Wagen fuhren sie hinter mir her.

Sie wollten mir Halt geben in dieser schweren Situation und zwischen mir und Harald vermitteln.

Mich traf fast der Schlag, als ich die Wohnung betrat.

Das Erste, was ich hörte, war Geschrei aus dem Kinderzimmer.

Die Küche war ein einziges Chaos. Ungespülte Teller und Tassen der letzten zwei Tage stapelten sich auf dem Tisch und der Anrichte.

Sven kam auf mich zugelaufen, nur mit einem bekleckerten Body bekleidet, die Windel hing ihm schwer in den Kniekehlen. Als ich ihn auf den Arm nahm, merkte ich, wie nass sie war.

In seiner ältesten Jogginghose, die Hände in den Taschen vergraben, schlenderte uns Harald entgegen, als sei alles in bester Ordnung. Aus Markus' Bettchen kam heiseres Geschrei.

Harald begrüßte uns mit einem schiefen Grinsen, unrasiert. Ich hätte ihm am liebsten eine Ohrfeige verpasst, so aufgebracht war ich.

Alles wirkte so verwahrlost und vernachlässigt, als sei ich wochenlang weg gewesen; auch meine Eltern sahen sich schockiert um. Es war offensichtlich, dass Harald sich um alles Mögliche gekümmert hatte, nur nicht um seine Kinder und den Haushalt.

Im Nachhinein denke ich, er wollte mir damit nonverbal zu verstehen geben, siehste, ich schaff das nicht allein, und schau, wie schlecht es deinen Kindern geht.

Aber in dieser Situation war ich nur wütend und fühlte mich schuldig, dass ich meine Kinder diesem Chaos ausgesetzt hatte.

Während meine Mutter Sven die Windel wechselte und ich Markus aus dem Bettchen nahm und beruhigend schaukelte, begann mein Vater, in der Küche für Ordnung zu sorgen.

Währenddessen saß Harald unbeteiligt vor dem Fernseher, als ginge ihn das alles nichts an.

Nachdem die Kinder versorgt waren und die Spülmaschine lief, setzen wir uns zu Harald ins Wohnzimmer.

Meine Eltern begannen, auf ihn einzureden wie auf ein krankes Pferd.

Es waren dieselben Worte wie beim ersten Mal, als sie ihn ins Gebet genommen hatten.

Denk an deine Kinder, die brauchen dich als Vorbild, denk an Anke, ihr liebt euch doch, willst du denn dein Familienglück aufs Spiel setzen, willst du alles aufgeben ...

Ich hatte überhaupt keine Motivation mehr, ich hatte in den letzten Jahren so viel geredet, aber meine Eltern glaubten zu dem Zeitpunkt immer noch, gutes Zureden würde irgendetwas bei Harald bewirken.

Ich bin mir nicht sicher, ob Harald an diesem Wochenende tatsächlich spielen war und die Kinder vielleicht sogar allein gelassen hatte, aber fest stand, dass er mit sich selbst nicht zurechtkam, und erst recht nicht mit seiner Verantwortung als Vater und Ehemann.

Meine Eltern glaubten, sie müssten ihm nur noch einmal gut zureden, ihn auffordern, die Therapie wieder aufzunehmen, und alles würde wieder in Ordnung kommen.

Ich wusste, dass dem nicht so war, dass wir keine

Chance mehr hatten, aber ich sah immer noch keine Alternative.

Warum konnte man nicht ewig Kind bleiben und, wenn's unerträglich wurde, die Mama rufen, die mit ihrer Klugheit und Erfahrung alles wieder ins Lot brachte?

Doch so wie Harald an sich arbeiten musste, um clean zu werden, so musste ich nun lernen, der Realität ins Auge zu sehen. Ich musste mich selber dafür entscheiden, mich von Harald zu lösen, mein bisheriges Leben hinter mir zu lassen und neu anzufangen.

Niemand konnte mir die Verantwortung für mein Leben abnehmen.

27. KAPITEL

Hanne und Udo hatten die Kinder an diesem Nachmittag zu einem Zoobesuch abgeholt; Harald würde nicht vor sieben zu Hause sein.

Ich bereitete mir einen Cappuccino zu und setzte mich an den großen Esszimmertisch.

Ich wollte nun ganz konkret mit der Loslösung aus dieser Ehe beginnen. Unsere finanzielle Situation erschien mir als geeigneter Ansatzpunkt, denn auch wenn sie ein einziges Desaster war, so ließen sich Zahlen doch besser sortieren als Gefühle und Zukunftsängste.

Selbst wenn Harald nie wieder einen Groschen in einen Automaten warf, würden wir ein Leben lang für die bereits entstandenen Schulden aufkommen müssen.

Gut, andere Leute nahmen auch Kredite auf, aber die hatten am Ende vielleicht ein Haus oder eine Eigentumswohnung.

Wir dagegen besaßen nicht einen einzigen Vermögenswert.

Wir mussten nur einen gigantischen Berg von Fünf-Mark–Stücken abtragen, ohne uns jemals wieder einen Urlaub oder neue Möbel leisten zu können. Dann wären wir vielleicht in 25, 30 Jahren schuldenfrei ...

Mir schossen die Tränen in die Augen.

Das schöne Geld, das ganze schöne Geld ...

Wie hätten wir es uns damit gut gehen lassen können.

Aus dem Wohnzimmerschrank zog ich all unsere »Familienaktenordner« und breitete sie vor mir auf dem Tisch aus.

Unsere beiden Lebensversicherungen waren gekündigt, sämtliche Sparverträge waren schon längst mit erheblichen Verlusten aufgelöst worden.

Ich blätterte die Kontoauszüge der letzten Jahre durch, die ich irgendwann mal in einem Anfall von Ordnungswut abgeheftet hatte. Vor zwei Jahren war unser Dispokredit bereits 10.000 DM hoch gewesen, und ich erinnerte mich noch, wie beängstigend ich es fand, dass wir ihn damals voll ausnutzen mussten.

Inzwischen hatten sich allein auf diesem Konto fast 30.000 DM Schulden angesammelt, die anderen Kredite und ausstehenden Rechnungen nicht einbezogen, ohne dass die Bank jemals den Dispokredit wesentlich erhöht hatte. Sie »duldete« sozusagen stillschweigend die Überziehung und nahm dafür horrende Zinsen.

Eine schüchterne Anfrage meinerseits – in welcher Position war ich denn, dass ich selbstbewusst auftreten konnte? –, ob man den Dispo nicht erhöhen könne, um wenigstens die Zinsen zu drücken, war von einem kaltschnäuzigen Angestellten der Bank mit rigorosen Worten abgeschmettert worden.

Daraufhin hatte ich es erst gar nicht gewagt, den Filialleiter, der mich inzwischen gut kannte, noch einmal aufzusuchen.

Unsere Familie war ein rotes Tuch für die Bank.

Ob es überhaupt rechtmäßig war, uns so weit überziehen zu lassen?

Bei diesem Gedanken durchdrang mich ein Energieschub. Hm ... War das vielleicht eine Möglichkeit: die Bank haftbar zu machen?

Am liebsten hätte ich sofort bei der Filiale angerufen und den erstbesten Angestellten zur Schnecke gemacht, aber ich bremste meine Impulsivität, sie hatte mich schon zu oft in Schwierigkeiten gebracht. Außerdem wollte ich es mir mit unserem »größten Geldgeber« auch nicht verderben. Nachher kamen die auf die Idee und forderten den gesamten Betrag bis übermorgen zurück ...

Ich griff zum Telefon und tippte Lukas' Nummer ein. Er ahnte am ehesten, wie es um uns finanziell bestellt war, und ich schätzte seinen nüchternen Verstand.

Ich hielt mich nicht lange mit Small Talk auf, sondern kam gleich, nachdem ich mich erkundigt hatte, ob er zehn Minuten Zeit für mich hätte, zum Thema.

»Sag mal, kann man nicht die Bank dafür haftbar machen, wenn die einen das Konto zu weit überziehen lässt?« Ich war Feuer und Flamme für die Idee, doch Lukas' Reaktion ernüchterte mich.

»Vergiss es«, sagte er. »Wie stellst du dir das vor? Ich kenne zwar die Verträge nicht auswendig, aber ich bin sicher, dass es dem Kunden obliegt, auf sein Konto zu achten. Ich meine, die Bank kann doch nicht jeden Kunden fragen, was machen Sie denn nun mit dem Geld?«

»Aber wenn die doch sehen, dass es immer weiter bergab geht ... Müssen die dann nicht das Konto sperren, wenn der Verdacht besteht, dass man seine finanziellen Verhältnisse nicht mehr überblickt? Die haben doch auch eine Verantwortung ihren Kunden gegenüber.«

»Mag sein, dass du moralisch im Recht bist, aber auf

dem juristischen Weg wirst du damit nicht durchkommen.«

Ich war enttäuscht, dass auch diese Hoffnung nur ein Strohfeuer gewesen war.

»Noch da?«, fragte Lukas, als ich ein paar Sekunden schwieg.

»Anke, das Einzige, wozu ich dir in eurer Situation raten kann: Geh zu einer Schuldnerberatung. Die können dir am ehesten helfen.«

Ich stieß einen verächtlichen Laut aus. »Schuldnerberatung! Was können die schon tun, außer zu sagen, kaufen Sie bei Aldi und führen Sie Haushaltsbuch. Wir leben doch bereits am Existenzminimum, da nützen auch die besten Ratschläge nichts.«

»Keine Ahnung, welche Möglichkeiten die haben. Aber schaden kann es doch auf jeden Fall nicht, sich dort mal einen Termin geben zu lassen.«

Nach dem Gespräch hätte ich am liebsten den ganzen Papiermüll vom Tisch gewischt. Ich konnte sie nicht mehr sehen, all die Dokumente unseres unaufhaltsamen Ruins, die nichts mehr wert waren und nur schwarz auf weiß bestätigten, dass wir vor dem Aus standen.

Schuldnerberatung ... Das Wort ging mir nicht mehr aus dem Kopf.

Lukas hatte Recht, schaden konnte so ein Gespräch auf keinen Fall – höchstens meinen Nerven, doch die waren ja Belastung gewohnt.

Ich war inzwischen Weltmeisterin darin, mit einem Minimum an finanziellen Mitteln die elementaren Bedürfnisse zu befriedigen. Ich wusste, wo es die billigsten Nudeln gab und wie man aus der preiswertesten Dose

Gulasch mit Wasser, Mehl und Ketchup ein »Festmahl« veranstaltete.

Wenn die in der Beratung anfingen, mir vorzurechnen, wie ich »besser haushalten« konnte, würde ich das Gespräch beenden. Das würde ich mir nicht antun.

28. KAPITEL

Die Katastrophe brach über uns herein.
Als hätten sie sich abgesprochen, erhielten wir mehrere Mahnbescheide hintereinander, von privaten Gläubigern, denen Harald bis zu 1.000 DM schuldete.

Drohbriefe der Kreditinstitute, bei denen wir verschuldet waren, trafen ein.

Unsere Hausbank hatte die Rückbuchungen der Raten veranlasst, da das Konto maßlos überzogen war und es schon lange keinen Spielraum für uns mehr gab.

Ich wusste nicht mehr ein noch aus, ließ die Briefe teilweise ungeöffnet, wenn ich sicher war, dass der Inhalt mich nur noch weiter runterziehen würde.

Bei einigen Privatleuten rief ich an und bat um Aufschub, appellierte an Fairness und Kulanz, und einmal weinte ich sogar am Telefon.

Als eine der Banken androhte, Haralds Gehalt pfänden zu lassen, war endlich der Punkt gekommen, an dem ich aus meiner fatalistischen Lethargie erwachte.

Zu meiner Überraschung stimmte Harald am Abend sofort zu, als ich ihm ohne großen Enthusiasmus von Lukas' Vorschlag, eine Schuldnerberatung aufzusuchen, erzählte. Er kam sogar auf die Idee, sich im Internet vorab zu informieren. Seit einigen Monaten konnten wir mit unserem altersschwachen PC ins Netz. Ich hatte diesem neuen Medium zuerst skeptisch gegenübergestanden, war aber inzwischen begeistert. Allerdings hatte ich bisher sorgsam darauf geachtet, dass wir nicht länger als eine Stunde täglich im Internet surften. Dass unser Telefonanschluss gesperrt wurde, weil wir die Rechnungen nicht bezahlen konnten, hätte uns gerade noch gefehlt.

In den nächsten Tagen verbrachte ich allerdings mehr als eine Stunde im Netz, so fasziniert und gefesselt war ich von den vielseitigen Informationen, die man sich zum Thema »Schulden« über die diversen Suchmaschinen besorgen konnte.

Es herrschte offenbar ein großer Informationsbedarf, aber dass es so viele überschuldete Haushalte gab, tröstete mich nicht wirklich.

Mein Bild von den Schuldnerberatungen änderte sich komplett. Ich suchte eine Adresse in unserer Nähe heraus, vereinbarte einen Termin für den nächsten Mittwoch und fuhr an einem Nachmittag davor mit Markus und Sven im Bus zu dem Büro, um mir eine Liste zu holen, in die ich unsere Einnahmen, Ausgaben und Schulden so übersichtlich wie möglich eintrug.

So hatte ich es auf einer Seite im Internet gelesen. Man sollte sich so intensiv wie möglich auf das Gespräch vorbereiten, um den größten Nutzen aus der Beratung zu ziehen.

Ich versuchte, niemanden auszulassen, auch die Privatleute nicht, und kramte aus meiner »Wichtig-Schublade« sämtliche aktuellen Bankunterlagen, Kreditverträge und Mahnbescheide hervor.

Ich war erstaunt – und absurderweise auch etwas stolz –, dass ich nach all den Jahren noch den Überblick hatte. Ich ging alles akribisch durch und heftete die Liste und die Kontoauszüge dann in einem Ordner ab.

Die Berater sollten nicht glauben, dass unsere finanzielle Situation etwas mit Schlampigkeit meinerseits zu tun hatte.

Es war halb vier am Mittwoch, als ich schon in Schuhen und Jackett in der Wohnung umherlief.

Auf die Kinder würde in den nächsten beiden Stunden meine Nachbarin Jutta aufpassen, mit der mich ein lockeres freundschaftliches Verhältnis verband. Wir halfen uns gegenseitig auf nachbarschaftliche Weise; während sie in Urlaub fuhr – was sie etwa dreimal im Jahr tat –, leerte ich ihren Briefkasten, goss die Blumen und kümmerte mich um die beiden verschmusten und verwöhnten Rassekatzen.

Im Gegenzug nahm sie mir hin und wieder spontan die Kinder ab. Sie arbeitete freiberuflich als Übersetzerin, sodass sie oft zu Hause war. Die Kinder störten sie zwar beim Arbeiten, aber darauf konnte ich keine Rücksicht nehmen.

Ich war nervös und unruhig, blätterte immer wieder den »Schuldenhefter« durch, ob auch nichts fehlte, und lief zwischendurch ans Fenster, um nach Harald Ausschau zu halten. Wir waren um 16 Uhr mit einer Frau Gronau verabredet, mit dem Auto brauchten wir zehn Minuten bis zum Beratungsbüro.

Wenn er noch kurz etwas essen und sich frisch machen wollte, musste er jeden Moment eintreffen.

Um 20 vor vier war er nicht da.

Um Viertel vor vier riss mir der Geduldsfaden. Dann eben ohne dich!, dachte ich.

Zwei Minuten gab ich ihm noch, dann ging ich zu Jutta und bat sie, ob sie mir ihr Auto leihen würde.

Jutta grinste schief und griff ans Schlüsselbrett. Ihren Golf Cabrio behandelte sie wie ein Heiligtum.

Ich hätte sie auch nicht darum gebeten, wenn es mir nicht außerordentlich wichtig gewesen wäre, diesen Termin nicht zu versäumen. Mit dem Bus hätte ich über eine halbe Stunde gebraucht und wäre zu spät gekommen.

Ich warf Sven, der aus ihrem Wohnzimmer blickte, wo Super RTL lief, eine Kusshand zu und raste dann davon.

Elisabeth Gronau, die Sozialarbeiterin in der Beratungsstelle, machte einen kühlen und intelligenten Eindruck auf mich. Sie strahlte wenig Herzlichkeit aus, aber ich brauchte auch keine Freundin, sondern jemanden, der mich mit nüchternem Verstand beraten konnte.

Sie sieht aus, als ob sie mir helfen könne, dachte ich und war froh, dass ich meinen dunkelblauen Blazer und nicht meine Sportjacke trug.

Sie zeigte sich erfreut, dass ich so gute Vorarbeit geleistet hatte, und blätterte kurz den Ordner durch.

Unauffällig warf sie einen Blick auf die Wanduhr. »Ihr Mann kommt später? Wir haben nur eine knappe Stunde Zeit ...«

»Ähm ... er konnte sich leider nicht frei nehmen, ein wichtiger Kunde hat ihn aufgehalten. Er hat mich übers Handy informiert.«

»Okay. – Sie wissen, wie wir hier arbeiten?«

Sie hatte hellgraue Augen und schön geschwungene Augenbrauen. »Nun, ich habe mich ein wenig im Internet informiert, aber den Durchblick habe ich noch nicht.«

Freundlich erwiderte sie mein Lächeln. Dann lehnte sie sich zurück und setzte zu einem kleinen interessanten Vortrag an, den sie offenbar allen neuen Klienten hielt.

»Unsere Beratungsstelle bietet Lösungsmöglichkeiten nach dem Prinzip der Selbsthilfe an. Das heißt, Sie müssen selbst aktiv werden. Wo Sie an Ihre Grenzen stoßen, treten wir als Vermittler zu den Gläubigern auf. Natürlich würden wir nur nach Absprache mit Ihnen handeln, nicht über Ihren Kopf hinweg. Wichtig ist, dass Sie freiwillig hier sind, sich helfen lassen wollen, motiviert sind und zur Mitarbeit bereit. Wir gewähren Ihnen weder finanzielle Unterstützung noch Kredite. Wir übernehmen auch keine Bürgschaften. Wir sind Partner sowohl für die Schuldner als auch für die Gläubiger und zur Fairness und Verschwiegenheit verpflichtet. Sie müssen uns nicht nur Ihre komplette finanzielle Situation offen legen, wie Sie das bereits getan haben«, sie deutete auf den Ordner, »sondern auch sämtliche Termine und Vereinbarungen einhalten. Unser Bestreben ist es grundsätzlich nicht, kurzfristige Überbrückungshilfen zu leisten, sondern möglichst umfassende und dauerhafte Gesamtlösungen zu entwickeln.«

Ich nickte. »Das hört sich genau nach dem an, was wir brauchen.« Ich konnte ein Seufzen und ein entspanntes Zurücklehnen im Stuhl nicht verhindern. Hier war ich gut aufgehoben. Diese Frau strahlte Stärke und Kompetenz aus, sie würde uns den Weg aus dem Schlamassel zeigen.

Danach schaute sie sich intensiver den Ordner an und studierte die verschiedenen Abbuchungen und Kredite. Dabei runzelte sie die Stirn.

»Ihr Mann verdient außerordentlich gut«, stellte sie dann

fest. »So ein hohes Gehalt haben die wenigsten, die sich hier beraten lassen.«

»Ja, in der Beziehung können wir nicht klagen.« Was für eine bizarre Floskel in dem Zusammenhang, schoss es mir durch den Kopf.

Sie blätterte weiter. »Häufig haben Sie in der Woche mehr als 2.000 DM Bargeld abgehoben. Wofür brauchen Sie das Geld?« Sie sah auf.

Ich holte tief Luft. Zugeschnürte Kehle, Druck im Magen, vertrautes Gefühl. »Na ja, mal ein Geburtstag, mal eine Autoreparatur, und dann eben die Haushaltskosten. Man will ja auch nicht immer nur im Pennymarkt und bei Lidl ...« Gott, wie erbärmlich. Sie blickte mich weiterhin schweigend an. »Mein Mann ist spielsüchtig.«

Sofort war der Druck weg, und vor Erleichterung schossen mir Tränen in die Augen.

Ich kramte schnell ein Taschentuch hervor und putzte mir die Nase. Nur jetzt nicht die Fassung verlieren, nicht vor dieser Frau, der gegenüber ich mich mit meiner kindischen Emotionalität ohnehin minderwertig fühlte.

»Möchten Sie etwas trinken? Kaffee oder Wasser vielleicht?«

»Wasser wäre gut.«

Sie verließ für ein paar Minuten das Büro und gab mir damit einfühlsam die Gelegenheit, mich wieder zu beruhigen. Dann kehrte sie mit einem Glas Wasser für mich zurück.

Ich lächelte und nickte als Zeichen, dass ich bereit war, das Gespräch fortzusetzen.

»Wir haben hier viel mit Spielsüchtigen und deren Angehörigen zu tun. Das ist für uns nichts Neues.« Sie klappte meinen Ordner zu. »Der Punkt ist: Die allerwichtigste Voraussetzung, damit wir gemeinsam überhaupt etwas bewirken können, ist die aktive Mitarbeit der Schuldner. Nur dann können wir etwas erreichen. Ich weiß, es klingt hart, aber das ist absolut notwendig, Frau Tillmann. Es gibt so viele Familien, die in Schuldennot geraten sind und den eisernen Willen zeigen, sie abzutragen; denen widmen wir unsere ganze Energie. Wir können uns nicht mit Fällen beschäftigen, die von vornherein zum Scheitern verurteilt sind. Ihr Mann muss eine Therapie machen und uns nachweisen, dass er keinen Pfennig mehr verzockt. Das ist die Voraussetzung für eine Erfolg versprechende Beratung.«

Ich schilderte ihr, was Harald in den letzten Jahren alles versucht hatte. Doch beim Erzählen merkte ich, dass ich alles nur noch müde herunterleierte. Ich brach mittendrin ab, weil es egal war.

»Bringen Sie Ihren Mann mit. Ich rede mit ihm.«

»Ja.« Ich stand auf, als auch Elisabeth Gronau sich erhob. Die Stunde war wie im Flug vergangen.

Sie kam um den Tisch herum und reichte mir die Hand. »Alles Gute für Sie, Frau Tillmann.«

Ich sah sie nicht mehr wieder.

Als Harald mich beim nächsten Termin, den ich vereinbart hatte, wieder sitzen ließ, meldete ich mich telefonisch bei Frau Gronau, um abzusagen.

Sie verstand. »Dann sehen Sie, wie Sie sich daraus lösen können, Frau Tillmann«, sagte sie. »Übernehmen Sie keine Bürgschaften und richten Sie Ihr eigenes Konto ein. Möglichst bei einer anderen Bank.«

Das tat ich noch in derselben Stunde.

29. KAPITEL

Der Vermieter unserer Wohnung meldete Eigenbedarf an.

Bis zum Spätsommer mussten wir uns nach einer neuen Bleibe umschauen.

Ich wollte keine Mietwohnung mit Mini-Balkon mehr, ich wollte ein Haus für mich und die Kinder, mit einem Hund und Katzen.

Der Traum von der glücklichen kinderreichen Familie im großen gemütlichen Haus, den ich seit meiner Jugend träumte, hielt sich hartnäckig, obwohl alles in der Realität dagegen sprach.

Wir waren nicht glücklich, und ein Haus konnten wir uns erst recht nicht leisten.

Doch wir hatten Glück. Durch eine Anzeige wurde ich auf ein Objekt in einem Dorf aufmerksam, dass ein Bauer zu sehr günstigen Bedingungen vermietete: ein Backsteinbau, der ursprünglich aus zwei Doppelhaushälften bestand und nun zu einem geräumigen Haus mit vielen Zimmern und zwei Eingängen umgestaltet worden war. Die Miete entsprach unserer aktuellen.

Harald beteiligte sich kaum an dem Entscheidungsprozess. Zwar sahen wir uns das Haus gemeinsam an, er äußerte sich zustimmend, aber alles andere überließ er mir.

Die wichtigste Frage war natürlich: Wie sollten wir den Umzug finanzieren?

Harald hatte in seiner Firma zu dem Zeitpunkt Rechnungen von über 4.000 DM offen, für ihn war es auf seiner Arbeitsstelle sozusagen fünf vor zwölf, denn wenn auffiel, in welchem Maße er mit dem Geld der Firma jonglierte, war er nicht nur seine Stelle los, sondern würde auch noch eine Anzeige wegen Unterschlagung bekommen.

Obwohl es von allen Seiten auf uns einhagelte und die drohende Gehaltspfändung wie ein Damoklesschwert über uns schwebte, passte es immer so grade noch.

Mal wurde die Miete gleich für drei Monate überwiesen, mal konnten wir mehrere Raten begleichen, mal zahlten wir Teilbeträge an Privatleute, sodass die Gläubiger immer ruhig gestellt waren und uns eine »Gnadenfrist« einräumten.

Ich hatte keine Ahnung, woher das Geld dann urplötzlich kam. Mag sein, dass es Harald zwischendurch immer wieder schaffte, mal ein, zwei Monate nicht zu spielen und wir sein ganzes Gehalt plus Spesen und Provision zur Verfügung hatten.

Ich hatte keinen Bezug mehr zu ihm, keinen Draht mehr, der mich mit ihm verband.

Ich wollte nicht wissen, was er trieb, er sollte mich nur in Ruhe lassen und mich nicht länger mit seinen Problemen und seiner Sucht belasten.

Doch der Umzug war notwendig, Rechnungen mussten dringend beglichen werden, und das Geld war nicht vorhanden.

Mir fiel eine letzte Möglichkeit ein, die ich aber sofort verwarf.

Meine Freunde um Geld anzupumpen ... Um Himmels willen, wie peinlich. Was für eine Erniedrigung. Nein, das würde ich nicht tun.

Meine Eltern steckten mir zwar hin und wieder ein paar Hundert Mark zu, aber so viel, wie wir brauchten, um wieder Land zu sehen, konnten sie auch nicht aufbringen.

Nach vielen Debatten und unangenehmen Szenen mit Harald musste ich einsehen, dass uns nichts anderes übrig blieb, als diesen letzten Ausweg zu versuchen.

Wir wussten, dass Lukas und Bettina sehr gut gestellt waren. Er arbeitete als Architekt und hatte ein florierendes Unternehmen mit mehreren Mitarbeitern, sie verdiente zusätzlich als freie Radiojournalistin. Kinder hatten sie keine.

Wie fängt man so etwas an ... Wie bereitet man sich darauf vor, seinen besten Freunden mitzuteilen, dass man finanziell am Ende ist?

Klar, die anderen wussten, dass ich zu Hause bei den Kindern war und kaum etwas zum Familieneinkommen beitragen konnte, aber sie wussten auch, dass Harald einen ausgezeichneten Job hatte, der überdurchschnittlich gut bezahlt wurde. Oft genug war Haralds Karrieresprung an Abenden mit unseren Freunden Thema gewesen.

Wir beschlossen, nur das Haus als Vorwand zu nehmen. Unvorgesehene Kosten, Renovierungsarbeiten, neue Teppiche ...

Wir luden Lukas und Bettina ein.

Lukas würde unser Anliegen nicht völlig vor den Kopf stoßen, da ich ihn als Einzigen aus unserem Freundeskreis schon einmal um Rat gefragt hatte. Ich ging davon aus, dass er es Bettina bestimmt erzählt hatte.

Ich war so angespannt und aufgeregt, dass die beiden von Anfang an merkten, dass dies kein normales geselliges Beisammensein werden sollte.

Harald dagegen war cool und freundlich, wie ihn alle kannten. Ich glaube nicht mal, dass es geschauspielert war. Es nahm ihn einfach nicht so mit wie mich.

Wir setzten uns um den Esstisch, ich hantierte mit Gläsern, Getränken und Knabberzeug herum, wobei ich ein Glas verschüttete und mich eifrig dem Aufwischen widmete. Harald sprach währenddessen mit Lukas über dessen neues Auto und beobachtete mich skeptisch.

»Jetzt setz dich mal, Anke. Du machst einen ja ganz hektisch«, sagte Bettina, nachdem ich einige Minuten lang den Tisch poliert hatte.

Ich grinste und fühlte mich ertappt. Ordentlich faltete ich das Wischtuch zusammen, legte es weg und setzte mich.

»Was ist los, Schatz? PMS?« sie zwinkerte mir zu. Sie war seit Jahren eine meiner besten Freundinnen, wobei ich mich im Lauf der letzten Jahre schon manches Mal gefragt hatte, wie ich überhaupt jemanden als »beste Freundin« bezeichnen konnte, wo ich doch allen die Wahrheit unterschlug.

Ich hatte immer geglaubt, mit einer »besten Freundin« würde man alles teilen, jeden Kummer, jede Sorge, jede Freude. Bis mein Alltag von der Sucht und den Spielschulden meines Mannes geprägt wurde, hatte ich auch so gelebt.

Ich lachte ein bisschen und erzählte dann von den Kindern, während ich immer wieder Hilfe suchend Harald ansah.

Aber was erwartete ich?

Er war nach wie vor mit Lukas in sein Autothema vertieft.

»Wir wollten da etwas mit euch besprechen«, begann ich schließlich das heikle Gespräch.

Alle wandten sich mir zu, Harald auch, als ginge ihn das alles nichts an und er sei neugierig, was ich denn nun mitzuteilen hätte.

»Ihr wisst doch, dass wir aus der Wohnung raus müssen. Und der Mietvertrag für das Haus ist auch schon unterschrieben. Nun hat sich herausgestellt, dass die Renovierungskosten viermal so hoch sind, wie wir ursprünglich kalkuliert hatten ...«

»Nein, wie blöde ...« Bettina schüttelte den Kopf. »Da müsst ihr doch den Vermieter einschalten. Warum sollt ihr das aus eigener Tasche bezahlen?«

Offenbar nahm sie an, wir wollten uns über Mietrecht informieren; auf die Idee, dass wir Geld brauchen könnten, kam sie von allein gar nicht.

Lukas schlug dieselbe Richtung ein und fragte interessiert nach, was denn alles noch zu renovieren sei; Harald antwortete ihm ausführlich. Dann sprachen sie über die Vor- und Nachteile der verschiedenen Baumärkte und wo man günstig Teppiche kaufen konnte.

Das ging eine halbe Stunde lang, bis ich einwarf: »Wir wollten euch fragen, ob ihr uns 4.000 DM leihen könntet. Das ist die Summe, um die wir uns verrechnet haben, aber das ist eigentlich kein Problem, denn mit dem Weihnachtsgeld kommt fast das Doppelte herein; dann würdet ihr es auf einen Schlag zurückkriegen.«

Nun war es heraus, und mein Herz klopfte wie wild,

während ich unsicher erst zu Lukas, dann zu Bettina blickte.

Nach ein paar Überraschungssekunden reagierten sie so, wie es nur echte Freunde machen.

Sie versicherten sofort, dass sie uns selbstverständlich aushelfen würden, und nahmen uns mit vielen einfühlsamen Bemerkungen die Verlegenheit, die sich bei mir in Hektik ausdrückte, bei Harald in Starren auf den Tisch.

»Das ist doch überhaupt keine Frage, natürlich kriegt ihr das Geld. Soll ich es morgen gleich überweisen?«, fragte Lukas.

Bettina legte den Arm um mich und drückte mich kurz an sich. »Kann doch jedem mal passieren, dass er in einen Engpass gerät. Dafür hat man doch Freunde ... Du brauchst dir auch überhaupt keine Sorgen zu machen, dass ich jetzt mit Argusaugen gucke, wofür du Geld ausgibst. Leb weiter wie vorher, kauf dir neue Klamotten, wenn dir danach ist, fahrt in Urlaub ... Wenn wir das Geld im Dezember zurückkriegen, ist es okay. Uns fehlt es ja nicht. Leb einfach so weiter wie normal.«

Was redete sie da?, dachte ich. Geld für Klamotten? Urlaub? Ich hatte das Gefühl, im falschen Film zu sein ... Als ginge es um Luxus und nicht um unsere Existenz.

Ich fühlte mich so unendlich erniedrigt, trotz der freundschaftlichen Reaktion von Bettina und Lukas. Harald schien das ganz anders zu sehen. Ihm war keine Gefühlsregung anzumerken.

Gleich am nächsten Tag überwiesen die Freunde das Geld. Wir beglichen damit die ausstehenden Rechnungen an die Firma. Es tat mir so Leid um das schöne Geld ... Wenn ich mir vorstellte, auf welch lächerliche Art es verprasst worden war und was wir damit alles hätten in das neue Haus investieren können ...

Nachdem die Hemmschwelle einmal überwunden war, fiel es mir nicht mehr ganz so schwer, auch meine Patentante anzupumpen. Ich erzählte ihr die gleiche Geschichte wie Lukas und Bettina, und auch Tante Linda zeigte sich sehr spendabel. Sie überwies uns 4.000 DM. Sie hatte sich das Haus bereits angesehen und fand, es passte so gut zu uns – der Bilderbuch-Familie.

Einen großen Teil dieses Geldes brauchten wir für das tägliche Leben und weitere Rechnungen; knapp 1.000 DM steckten wir in die Renovierung, und der Rest ging für den Umzug drauf. Wir mussten schließlich unseren »Geldgebern« tatsächlich etwas vorweisen, wenn wir uns nicht unglaubwürdig machen wollten.

30. KAPITEL

Nachdem wir einige Wochen in dem Haus wohnten und alle unsere Freunde und Verwandte sich davon überzeugt hatten, wie wundervoll wir es nun endlich hatten, spitzte sich die Situation zwischen Harald und mir zu.

Bereits in der Schuldnerberatung hatte ich eine Veränderung in mir gespürt, die ich zunächst nicht in Worte fassen konnte. Aber inzwischen schossen mir immer häufiger Sätze durch den Kopf wie:

Was habe ICH eigentlich damit zu tun!

Was fällt ihm ein, MEIN Leben zu ruinieren!

Was fällt ihm ein, mich praktisch dazu zu zwingen, MEINE Freunde zu belügen!

Es nagte an mir, dass wir nun auch im privaten Kreis so hoch verschuldet waren.

Es verging kein Tag, an dem ich nicht überlegte, wie ich mich aus dieser Situation befreien konnte.

Zum 60. Geburtstag meines Vaters überkam mich die Lust, mich mal wieder richtig aufzustylen.

Ich hatte mich viel zu lange gehen lassen, war nur noch Hausfrau und Mutter gewesen. Ich war mal eine einigermaßen attraktive Frau gewesen. Warum sollte das für alle Zeiten vorbei sein?

Es wurden fast hundert Gäste erwartet. Ich hatte mir als einzige Tochter eine kleine Rede ausgedacht.

Ich würde im Rampenlicht stehen und wollte dabei so gut wie möglich aussehen.

Ich machte eine zweiwöchige Diät, um in mein bestes schwarzes Kleid zu passen, das eng anlag und einen tiefen Ausschnitt hatte. Dazu würde ich schwarze Schuhe tragen und nur ein edles, auffälliges Schmuckstück.

Ich wusste, ich würde meinem Vater damit eine große Freude bereiten.

Es war eine schwere Goldkette in mehreren Reihen, die mir mein Vater zur Hochzeit geschenkt und die er selbst von seiner Mutter als Erbstück bekommen hatte.

Sie war viel zu pompös, um sie im Alltag oder bei kleineren Feierlichkeiten zu tragen, aber zu diesem Anlass fand ich sie sehr passend.

Ich bewahrte die Kette in einem mit Samt ausgestatteten Schmuckkasten in meinem Nachttisch auf.

Als ich sie einen Tag vor dem Fest anprobieren wollte, war sie verschwunden.

Der Kasten war leer.

Als Harald an diesem Abend nach Haus kam, ging ich mit beiden Fäusten auf ihn los; es artete in eine richtige Schlägerei aus, wobei er mir zwei kräftige Ohrfeigen gab, weil ich mich tatsächlich wie eine Furie benahm.

Die Kinder schrien, und Harald und ich brüllten uns an, und ich fühlte mich wie der letzte Abschaum.

Was war bloß aus mir geworden?

Harald gab sich nicht viel Mühe, irgendeine dumme Ausrede zu erfinden.

Nachdem wir uns beruhigt hatten, wirkte er niedergeschmettert, entschuldigte sich auch, mich geschlagen zu haben, und gestand, die Kette bereits vor einem halben Jahr versetzt zu haben.

An diesem Abend passierte es.

Der Schmerz über den Verlust der Kette wurde verdrängt von der Erkenntnis, dass ich es nun schaffen würde, einen Schlussstrich zu ziehen.

Ich würde mich von Harald trennen, und ich würde in alle Welt die Wahrheit, die komplette Wahrheit, hinausschreien.

31. KAPITEL

Meine Freundin Andrea hatte mal auf einer Fete eine kleine bissige Bemerkung über ihren Freund fallen lassen, bei der ich überrascht aufgehorcht hatte. Sie hatte ihm vorgeworfen, dass er sich wie ein Jugendlicher in Spielhallen herumtrieb.

Seit damals hegte ich den Verdacht, dass Andrea mit ihrem Freund vielleicht unter einem ähnlichen Problem litt, obwohl ich mir kaum vorstellen konnte, dass es in dem Ausmaß wie bei uns geschah.

Ich verabredete mich mit Andrea in der Stadt – und mit Lukas, dem wir immer noch die 4.000 DM schuldeten.

Ich musste die Trennung jetzt durchziehen. Dafür war es notwendig, es allen zu erzählen, in die Öffentlichkeit zu gehen.

Wir trafen uns in einem Bistro, bestellten drei Milchkaffee, und dann begann ich schonungslos Harald zu outen.

Die beiden hörten schockiert zu und schüttelten nur ungläubig die Köpfe, genau wie meine Eltern. Damit hatte dank unserer fast lückenlosen Tarnung wirklich keiner gerechnet.

Lukas sagte lange Zeit erst mal gar nichts, während Andrea den Kopf schüttelte: »Das ist ja unfassbar ... Wieso suchst du jetzt erst Hilfe, wo ihr praktisch am Abgrund steht?«

Darauf wusste ich selbst keine Antwort.

Andrea nahm mir auch die Illusion, dass ich in ihr eine Leidensgenossin und Ratgeberin gefunden haben könnte. »Mein Freund war ab und zu mal an diesen Automaten und auch mal im Spielcasino. Ich habe mich jedes Mal über das verlorene Geld geärgert, aber zusammengerechnet waren es vielleicht ... 1.000 DM in den letzten drei Jahren.«

Nein, das war mit unserer Situation überhaupt nicht vergleichbar.

»Und was ist nun mit meinem Geld?«, erkundigte sich Lukas berechtigterweise. Er hatte längst begriffen, dass es so gut wie aussichtslos war, dass wir ihm die Schulden jemals zurückzahlen könnten.

Ich fing an zu heulen. In meinem ganzen Leben hatte ich nicht so viel geweint wie in den letzten Wochen.

Andrea tätschelte meine Schulter, und Lukas ließ das Thema Schulden fallen. Seine Reaktion war nur zu verständlich. Warum sollte er aus lauter Freundschaft sagen, okay, vergesst die 4.000 DM, ich brauche sie nicht ...

Er und Bettina hatten ohnehin schon bewiesen, dass man sich im Notfall auf sie verlassen konnte. Aber ausnutzen lassen wollte sich niemand.

Ich versicherte Lukas, dass ich alles daransetzen würde, dass er sein Geld zurückbekäme, auch wenn ich keine Ahnung hatte, wie ich es auftreiben sollte. Aber die Freundschaft zu Lukas war mir ungemein wichtig.

Die beiden boten mir unabhängig voneinander an, auch mit Harald zu reden, er war schließlich auch ihr Freund, doch ich zuckte resigniert die Schultern.

Von mir aus sollten sie das tun.
Nichts würde sich dadurch ändern.
Ich wollte auch nicht mehr.

Harald stand um diese Zeit praktisch mit dem Rücken zur Wand. Wir waren an einem Punkt angekommen, wo wir von keinem mehr Geld bekommen konnten. Die Rechnungen flatterten natürlich weiter täglich ins Haus.

Als Haralds bester Freund Jürgen und dessen Freundin Anna zu Besuch kamen, schilderten wir zum ersten Mal gemeinsam und in aller Offenheit unsere Situation, beschrieben Haralds Spielsucht und wohin sie uns getrieben hatte.

Bei den beiden ernteten wir die gleiche Reaktion wie bei allen anderen zuvor.

Jürgen meinte, unsere Familie und unser Haus wären für ihn immer ein »Ort der Ruhe« gewesen.

Er konnte überhaupt nicht nachvollziehen, wie wir es so lange geschafft hatten, uns zu verstellen.

Man spürte auch eine gewisse Enttäuschung, dass wir den beiden so lange das perfekte Familienglück vorgegaukelt hatten, ohne sie ins Vertrauen zu ziehen.

Ich versuchte, ihnen auseinander zu setzen, dass unser Verhalten viel mit Scham und Verdrängung zu tun hatte, dass das aber auf jeden Fall der falsche Weg gewesen sei. Ich bin mir nicht sicher, ob sie das verstanden.

Sie fühlten sich auf gewisse Weise von uns betrogen, aber das hinderte sie nicht daran, die Köpfe zusammenzustecken und zu beratschlagen, mit wie viel Geld sie uns aushelfen konnten, damit Harald seine Arbeitsstelle nicht verlor.

Ich hatte gar nicht damit gerechnet, Jürgen war noch in der Ausbildung zum Programmierer, und Anna steckte mitten in ihrem Medizinstudium, aber es rührte und beschämte mich gleichermaßen.

Uns blieb keine andere Wahl als dankend anzunehmen, als Jürgen uns 3.500 DM anbot und Anna 1.000 DM.

Damit konnte Harald die letzten beiden Rechnungen begleichen und der drohende Untergang noch ein letztes Mal abgewendet werden.

Eine Woche später, nach einem heftigen Streit mit Harald, bei dem er mir vorwarf, nie etwas im Kühlschrank vorzufinden, erklärte ich ihm, dass ich nun die Scheidung wolle.

Ich sagte das ohne Hysterie und Aggressivität, es war eine Mitteilung, kein Wutausbruch.

Harald reagierte gelassen, entweder, weil er nicht glaubte, dass ich es diesmal ernst meinte, oder eher, weil es ihm mittlerweile auch egal war.

Er hatte keine Unterstützung mehr in seiner Familie, so wie er uns auch nie ein Halt gewesen war.

Eine halbe Stunde später setzte ich mich mit den Kindern ins Auto und fuhr zu Hanne und Udo, um auch sie über die tatsächliche Situation und meinen Entschluss, mich von ihrem Sohn zu trennen, zu informieren.

Hanne wurde leichenblass, und um Udo sorgte ich mich ernsthaft, weil er ohnehin ein schwaches Herz hat und einige Minuten lang nach Luft rang.

Nach einigem Hin und Her und vielen nutzlosen Erklärungen ließ Hanne genau die Bemerkung fallen, auf die ich schon gewartet hatte: »Wie stehen wir denn jetzt da!«

Ihre größte Angst war, wie sie es den Nachbarn und der

Familie erklären sollte, dass die Ehe ihres Sohnes gescheitert war.

»Hanne, du weißt, dass Harald früher gespielt hat. Er hat euch beklaut und hintergangen und betrogen, um das Geld in Automaten zu werfen, und er hat bis heute nicht damit aufgehört, auch wenn ihr es nicht wahrhaben wollt. Wir stehen kurz davor, auf die Straße gesetzt zu werden! Wir haben so viele Schulden, dass wir bis an unser Lebensende zahlen müssen. Ich halte das nicht mehr aus! Akzeptiere endlich, dass dein Sohn nicht der Prachtjunge ist, als den du ihn immer darstellst. Er braucht Hilfe und keine weiteren Täuschungen, Lügen und scheinheilige Unterstützung.«

Hanne fing an zu weinen. Das war alles zu viel für sie. Als ich mich verabschieden wollte, ließen sie mich nicht gehen. Sie konnten nicht akzeptieren, dass dies nicht nur ein Albtraum war, dass nicht alles wieder gut werden würde.

Beide bestanden darauf, mich nach Hause zu begleiten, um Harald ins Gebet zu nehmen, wie es schon einige andere vor ihnen versucht hatten.

Aber sie hätten Harald zu allen möglichen Versprechungen und Zusicherungen überreden können, ich hätte meine Entscheidung nicht mehr geändert. Im Geiste hatte ich diesen katastrophalen Abschnitt meines Lebens bereits abgehakt.

Ich würde keine Rücksicht mehr auf die Gefühle meiner Verwandtschaft legen. Sie würden damit klarkommen müssen, allen zu erklären, dass der Schein getrogen hatte. Ich musste endlich an mich selbst denken und nicht daran, wem ich welche Illusionen und Lebensträume raubte.

Ich fühlte mich, als wäre ich zehn Zentner Last los.

32. KAPITEL

Harald war die Nacht von Samstag auf Sonntag nicht nach Hause gekehrt.

Ich saß mit den Kindern beim Mittagessen. Sven war stolz darauf, dass er seine Spaghetti wie ein »großer Italiener« mit der Gabel auf dem Löffel wickeln konnte, Markus nahm mit Daumen und Zeigefinger jede einzelne Nudel, die ich ihm vorausschauend ohne Tomatensauce serviert hatte.

Ich lächelte über Svens Versuche, eine viel zu große Portion aufgewickelter Nudeln in den kleinen Mund zu stopfen, als Harald die Küche betrat.

Er sah übernächtigt aus, ungepflegt in dem zerknitterten Hemd vom Vortag. »Hallo.«

»Hey.« Mir egal, wo er gewesen war. »Hunger?«

Er schüttelte den Kopf, setzte sich auf den freien Stuhl am Esstisch, wuschelte Sven durch die Haare und küsste Markus auf das verschmierte Mündchen.

»Anke, ich muss mit dir reden.«

»Ja.«

»Wenn's geht, ohne die Kinder ...«

»Dann musst du warten, bis wir gegessen haben.« Es gab noch einen Nachtisch, bestehend aus Magerquark und zerdrückter Banane.

Hinterher machte ich Markus für seinen Mittagsschlaf

fertig und suchte mit Sven ein Buch aus, das er sich allein anschauen konnte.

Als ich ins Esszimmer zurückkehrte, saß Harald immer noch am selben Fleck, der Tisch war nicht abgeräumt, Tomatensauce klebte an einigen Stellen.

»Also?«

»Ich habe die Nacht bei einer anderen Frau verbracht. Irina ist mir sehr wichtig. Ich kenne sie schon seit ein paar Wochen.«

Gut so.

Er sah mich mit nassen Augen an. »Ich will dich nicht verletzen, Anke.«

Tust du nicht.

Ich streckte die Hand über den Tisch. »Gib mir den Schlüssel.«

»Wie meinst du ...«

»Gib mir den Hausschlüssel. Du kannst gehen. Ich will dich hier nicht mehr haben.«

Er zog den Schlüsselbund aus seiner Gesäßtasche, entfernte den für die Haustür und den für den Briefkasten und legte beide auf den Tisch.

Langsam stand er auf und ging zur Haustür. »Es tut mir Leid«, sagte er noch.

Dann fiel die Tür hinter ihm ins Schloss.

Etwas schrammte über die Fliesen. Ein Steinchen war unter die Eingangstür geraten. Ich öffnete sie und bewegte sie hin und her, bis der Stein sich löste.

Morgen würde ich sie aushängen und die untere Kante um ein paar Millimeter abhobeln.

Das war schon lange fällig.

33. KAPITEL

Das Internet wurde in den nächsten Wochen meine wichtigste Informationsquelle. In Foren und Chats lernte ich Leute kennen, die mich mehr als jeder »reale Freund« trösten konnten, denen ich mich zugehörig fühlte, mit denen mich mehr als mit jedem anderen Menschen aus meinem privaten Umfeld verband.

Ich gab in die Suchmaschinen Begriffe wie Glücksspiel, Spielschulden, pathologisches Glücksspiel, Suchtberatung und anderes ein und konnte mir aus einer Fülle von Angeboten die seriösesten und hilfreichsten herauspicken.

Das Netz ist ein schnelllebiges Medium, das Informationsangebot wird ständig aktualisiert und erweitert. Deswegen macht es aus meiner Sicht wenig Sinn, an dieser Stelle auf einzelne Seiten hinzuweisen.

Ich kann jedem Angehörigen und Spieler nur empfehlen, sich selbst auf die Suche zu begeben. Es zahlt sich in jedem Fall aus.

Sobald die Kinder abends im Bett waren, schaltete ich den Rechner ein, um in die virtuelle Welt einzudringen, um »meine« Foren abzuklappern, »meine« Chatpartner zu kontaktieren und um mich auf diversen offiziellen Sites umfassend zu informieren.

War ich anfangs in den Foren noch die Ratsuchende, die

ungeduldig darauf wartete, dass einer aus der weiten Welt des WWW antwortete, so wurde ich schon nach wenigen Monaten diejenige, die anderen unterstützend unter die Arme greifen konnte.

Wie ein Schwamm saugte ich sämtliche Informationen auf, die ich finden konnte. Mein neues Wissen half mir zwar nicht mehr, die Zeit zurückzudrehen und alles anders zu machen, aber diese geistige Auseinandersetzung brachte mich wieder ins Gleichgewicht. Sie nahm mir das Gefühl von Ohnmacht.

Es scheint keine »Durchschnittsklientel« zu geben, die dem Glücksspiel verfällt, wobei allerdings Männer häufiger betroffen sind als Frauen. Die Sucht kann einen bis ins hohe Alter verfolgen. Es gibt Rentner, die am Ersten des Monats in den nächsten Automatensalon eilen und ihr karges Einkommen verzocken, auch wenn sie danach für den Rest des Monats hungern müssen.

Die Sucht beginnt, wenn man von diesem Verhalten nicht mehr lassen kann, wenn man in eine »Zweitwelt« flüchtet, in der nur noch das Abenteuer Spielen zählt.

Erst 2001 brachten die Spitzenverbände der Krankenkassen und Rentenversicherungsträger Empfehlungen für die medizinische Rehabilitation bei pathologischem Glücksspiel heraus. Darin wird die Spielsucht endlich als eigenständiges Krankheitsbild innerhalb der psychischen Störungen beschrieben.

In den USA, wo »pathological gambling« bereits seit 1979 als Krankheit anerkannt ist, fanden Studien in den 90-er Jahren heraus, dass je nach Bundesstaat bis zu 2,3 Prozent der Bevölkerung spielsüchtig waren.

Viel zu lange hängen die Zocker dem Glauben an, dass sie jederzeit damit aufhören könnten, wenn sie nur wollten. Die Erkenntnis, dass man es nicht mehr im Griff hat, gilt jedoch als eine der wichtigsten Voraussetzungen, um überhaupt aus der Abhängigkeit herauszukommen.

Doch auch dann ist es noch ein weiter Weg zur Suchtfreiheit. Meist erleben die Spieler ein Gefühl von Machtlosigkeit, stehen neben sich und können sich doch nicht bremsen. Mit dem Traum vom schnellen Geld hat das nichts mehr zu tun.

Es erschütterte mich besonders, die wenigen Berichte von spielsüchtigen Frauen zu lesen.

Junge Mütter, die Angst haben, dass ihnen das Sorgerecht für ihre Kinder entzogen wird, wenn sie zu einer Beratungsstelle gehen und sich outen. Gerade sie nutzen die Foren, um sich mitzuteilen, um zu spüren, dass sie nicht allein sind, sondern verstanden werden von anderen, die das Gleiche durchlebt haben.

Immer wieder wird in allen Foren und von den Fachgremien darauf hingewiesen, dass sich Spieler, wenn sie Suchtfreiheit anstreben, nicht vornehmen sollen, ihr Leben lang auf »dieses Vergnügen« zu verzichten. Sie sollen es für 24 Stunden schaffen, »nur für heute«, und sich an diesem Erfolg freuen.

Viele Männer und Frauen äußern Selbstmordgedanken, Schuldgefühle ihren Freunden gegenüber und geraten in tiefste Depressionen. Ihnen wird in Selbsthilfeforen Mut gemacht mit Leitsprüchen wie: »Die Vergangenheit ist nicht zu ändern, die Zukunft aber ist, was immer du daraus machen willst.«

Es überraschte mich, dass es manchen Leuten wirklich gelingt, mit Hilfe des Netzes und den Kontakten darin ihre Sucht zu überwinden – ob dauerhaft, weiß ich natürlich nicht.

Da war zum Beispiel eine junge Frau, die nicht am Treffen der Selbsthilfegruppe an ihrem Wohnort teilnehmen konnte, weil genau zu diesem Zeitpunkt ihr Baby gefüttert werden musste.

Sie schrieb selbst, dass dies vielleicht nur eine Ausrede sei, aber sie führte mehrere Wochen lang öffentlich Tagebuch, und sei es nur mit dem Satz: Heute nicht gespielt. Von allen Seiten bekam sie Unterstützung, Lob und neuen Mut. Wahrscheinlich vermittelte sie dadurch auch anderen Spielern Hoffnung.

Ich bedauerte, dass Harald noch nicht herausgefunden hatte, wie viel Hilfe man auf diese Weise finden konnte. Vielleicht würde es ihm leichter fallen, anonym von seinen Problemen zu erzählen. Ich nahm mir vor, ihn darauf hinzuweisen. Welchen Nutzen er daraus zog, lag nur an ihm selbst. Ich würde nicht mehr versuchen, darauf Einfluss zu nehmen.

Noch besser mitfühlen konnte ich mit den Angehörigen von Spielern, mit den Frauen, die sich wortreich und schmerzvoll darüber beklagen, wie ihre Männer sie betrügen und belügen.

Ja, das kannte ich alles nur zu gut. Tröstlich, dass es auch andere Frauen so erlebt hatten. Und dass ich nicht die Einzige war, die es viel zu lange an der Seite eines Spielers ausgehalten hatte.

Es ging anderen Frauen genauso wie mir: Sie glaubten, die Liebe würde schon alle Schwierigkeiten überwinden.

Ich war nicht die Einzige, die an ihrer Naivität fast zerbrochen wäre.

Auch der Weg aus der Co-Abhängigkeit ist nicht einfach. Manche Frauen werden sogar von ihren Männern, die sich die Sucht nicht eingestehen und weder Reue noch den Willen zur Veränderung zeigen, geschlagen und finden erst in Frauenhäusern Zuflucht und Hilfe.

So weit war es bei uns zum Glück nicht gekommen. Manches Mal waren unsere Auseinandersetzungen eskaliert, aber nie so, dass ich Angst vor Harald gehabt hätte.

›Schau in den Spiegel und frag dich, ob er dir das antun darf‹, formulieren es manche Frauen. Dieses Gefühl ist mir schmerzlich vertraut. Das eigene Ich ganz aufzugeben zum Wohl des Partners.

Viele co-abhängige Frauen, die sich auf die Suche nach den Ursachen für das Suchtverhalten des Mannes begeben, ziehen den Schluss, dass ihre Partner unfähig waren oder sind, ihre Gefühle zu zeigen und Konflikte auszuhalten und zu verarbeiten. Manche gehen so weit zu sagen, dass die Süchtigen sich komplett verändern müssen und dass es nicht reiche, einfach mit dem Zocken aufzuhören. Das Spielen sei nur ein Ersatz für andere, tiefer liegende Störungen.

Interessant ist auch, wie Spieler ihren Kick beschrieben. Wie viel Spaß es macht, vor dem Automaten zu stehen, wie fasziniert sie von der Magie des Moments sind – und wie sich dieses Gefühl ins Gegenteil verkehrt, wenn der Rausch abgeklungen ist. Viele fallen in Selbstzweifel und Melancholie.

Einige Male taucht auch die Frage auf: Wann ist man

eigentlich spielsüchtig? Hängt es mit der Höhe der verzockten Beträge zusammen? Mit der Regelmäßigkeit der Besuche in den Automatenhallen? Mit der Häufigkeit?

Spätestens, wenn ein Spieler anfängt zu lügen oder aggressiv wird, weil er nicht spielen kann, oder wenn er seinen finanziellen Verpflichtungen nicht nachkommt, sollten sämtliche Alarmglocken läuten. Nicht erst, wenn die Familie in Mitleidenschaft gezogen wird oder wenn Beschaffungskriminalität hinzukommt.

Die meisten Spieler berichten, dass es sie während des Entzugs in ihrem Bemühen bestärkt hat, die komplette finanzielle Verantwortung aus der Hand zu geben. Durch diesen selbst gewählten Druck, die Kontrolle von außen, geraten sie seltener in Versuchung.

Manche trockene Spieler oder Angehörige machen auch den Vorschlag, dem Süchtigen ein paar Euro zu überlassen, damit er seine Freunde in der Spielhalle treffen kann, ein bisschen zocken, ein bisschen Spaß und Entspannung haben kann, aber eben nicht die Verschuldung weiter vorantreibt.

Davon hielt ich überhaupt nichts. Denn selbst wenn es funktionieren sollte, dass die Verschuldung auf diese Weise gestoppt wird, so nimmt das Spielen doch noch nach wie vor eine viel zu wichtige Rolle im Leben des Kranken ein.

Ich habe inzwischen eine derartige Aversion gegen Spielhallen entwickelt, dass ich in der Stadt die Straßenseite wechsle, wenn ich an einem solchen Etablissement vorbeigehen muss. Sie erscheinen mir wie dunkle Höhlen, in denen das Böse lauert.

Bei manchen Teilnehmern der Foren merkt man deutlich, in welch existenzieller Verzweiflung sie stecken. Sie äußern sich nur noch in wirren Sätzen, in denen von Suizid die Rede ist; man hört den Hilfeschrei praktisch über die PC-Boxen wie in einem Voice-Chat. Das geht mir immer sehr nah, weil ich es nur lesen kann, aber nichts bewirken.

Doch es wird auch immer wieder darauf hingewiesen, dass man den Spieler absacken lassen muss, damit er sich selbst rettet. Ein Chatpartner formulierte es einmal klar und deutlich mir gegenüber: ›Ich fand immer jemanden, der mir meine Krisen stahl.‹ So bekam er nie die Chance, aus seinem Fehlverhalten die Konsequenzen zu ziehen.

Beziehungsprobleme sind für viele ein Grund, spielen zu gehen.

Na und?, dachte ich, als ich das las. Andere Leute haben auch Ärger mit dem Partner und verschleudern trotzdem nicht das Haushaltsgeld für die nächste Woche in der Spielhalle.

Für diejenigen, die regelmäßig Selbsthilfegruppen besuchen, sind diese Treffen der wichtigste Termin der Woche. Sie beschreiben sie als Gelegenheit, »Druck abzulassen«, und als eine Quelle für neue Kraft. Lob und Zuspruch bekommen die Teilnehmer nicht erst für sechs Monate spielfreie Zeit, sondern für 24 Stunden, die man es geschafft hat, die Finger von den Automaten zu lassen.

Dauerhafte Abstinenz erreicht ein Spieler nur, wenn er sich, genau wie ein Alkoholiker, täglich dafür entscheidet, heute das Spielen zu lassen.

Das Konzept der Selbsthilfegruppen gefiel mir gut.

Mehr als einmal stellte ich mir die Frage, warum es Harald in diesem Kreis nicht geschafft hatte. Selbst bei Rückfällen, die nicht etwa die große Ausnahme, sondern die Regel bei einem Entzug seien, wird man in so einer Gruppe gut aufgefangen und neu aufgebaut. Bei Harald hatte es nicht funktioniert, weil er glaubte, nur er selbst könne sich helfen.

Was für ein arroganter Trugschluss.

Die Gespräche in den Chats waren immer unterschiedlich. Einen Abend lang unterhielt ich mich mit einem 30-jährigen, der mir glaubhaft versicherte, er sei von seinem Elternhaus stets zu Ehrlichkeit und Offenheit erzogen worden. Seine Sucht habe ihn zum notorischen Lügner gemacht, was ihm sehr zusetze. Er hasse sich selbst dafür, dass er alle seine Ideale und Wertvorstellungen seiner Sucht geopfert habe.

Ein Vater erzählte mir einmal, wie er seinen beiden Söhnen seine Spielsucht gestanden hatte. Er schilderte, wie schwer es ihm fiel, das Bild, das die beiden Jugendlichen sich von ihm gemacht hatten, zu zerstören. Sie vergötterten ihren Vater und mussten auf einmal erkennen, wie verletzlich und schwach er war. Er habe sich so gedemütigt gefühlt, aber es sei ein wichtiger, großer Schritt für ihn gewesen.

Nachdenklich stimmte es mich, als ich mit einer jungen Frau sprach, die keinen Funken Verständnis mehr für ihren seit über 20 Jahren spielsüchtigen Vater aufbrachte. Die Mutter deckte das Verhalten ihres Partners und gaukelte, genau wie ich, der Außenwelt die ganze Zeit die heile Familie vor. Die Besuche des Gerichtsvollziehers gehören zum Bild ihrer Kindheit, genauso wie die Szene, als sie eines Morgens entdeckte, dass mehrere ihrer CDs fehlten. Ihr Vater hatte sie verkauft, um an Geld zu kommen. Noch heute schnorre er sie und ihre Geschwister an.

Wenn sie mal Taschengeld bekam, musste sie es ihm meistens am gleichen Abend zurückgeben, unter dem Vorwand, sie würde es am nächsten Tag zurückbekommen.

Das Schicksal dieser Frau beschäftigte mich. Ich musste an Sven und Markus denken. Wie würden sie später über ihren Vater denken? Ich nahm E-Mail- und später Telefonkontakt zu der Frau auf, um mehr über sie zu erfahren. Sie konnte ihrem Vater nicht verzeihen: Nie sei er für sie da gewesen, jeden Geburtstag habe er versäumt, weil er zum Zocken gehen musste, all die Jahre habe er die Mutter unter Druck gesetzt und ausgenützt.

Sie suchte einen Weg, sich von diesem Menschen zu befreien, für den sie kein bisschen Gefühl mehr aufbrachte.

Mich überkam das Grauen, wenn ich daran dachte, dass Sven oder Markus mal so von ihrem Vater sprechen könnten.

Nun, dazu würde ich es nicht kommen lassen. Ich würde sie seiner zerstörerischen Seite so weit wie möglich entziehen und ihnen nur die positive zeigen. Sollte er mit ihnen in den Zoo und ins Freibad gehen, sollte er ihnen ein Zelt im Garten seiner neuen Freundin aufbauen und am Wochenende mit ihnen »Pfadfinder« spielen ... Unter seiner Spielsucht und den daraus resultierenden familiären Krisen würden sie niemals mehr leiden müssen.

Ich fand es verständlich, dass diese Frau, mit der ich mich angefreundet hatte, die Spielsüchtigen nicht als »arme Opfer« ansah, sondern als Täter, die Familien zerstören.

34. KAPITEL

Ich plante meine Zukunft, die mir auf einmal wieder viel versprechend und leicht erschien.

Ich wusste von einem alten Schulfreund, dass er wieder nach Hessen ziehen wollte, weil die Eltern aus Frankfurt stammten, und rief ihn an, um ihm die zweite Haushälfte anzubieten.

Alleine konnte ich die Miete nicht tragen. In dieser einsamen Gegend mochte ich auch nicht ohne einen zweiten Erwachsenen wohnen. Mit Martin hatte ich mich schon immer gut verstanden. Er war ein ganz ruhiger, unauffälliger Computerfachmann, bestimmt ein angenehmer Mitbewohner.

Martin war sofort angetan, als ich ihm am Telefon den Vorschlag unterbreitete. Er würde in zwei Monaten eine neue Stelle in Wiesbaden antreten, das passte ihm hervorragend. Gleich am Wochenende wollte er vorbeikommen, um das Haus zu besichtigen.

Ich hatte vor einigen Tagen bereits die Tür abgehobelt und klebte gerade die Fensterscheiben ab, weil ich die Rahmen streichen wollte, als Martin vorfuhr. Die Kinder spielten im Vorgarten, Sven fuhr auf seinem Fahrrad, Markus schob sich auf seinem Bobby-Car voran.

Martin war schon immer ein wenig schüchtern gewesen, darum lockte ich ihn mit einem strahlenden Lächeln aus der Reserve und umarmte ihn.

Er unternahm einen Rundgang durch die Räume, wir legten seinen Bereich und den für mich und die Kinder fest und wurden uns ohne Diskussionen einig.

Am nächsten Ersten würde er einziehen.

»Und was passiert mit mir, wenn du dich wieder mit Harald versöhnst?«, erkundigte er sich, als wir unseren »Deal« mit einem Glas Sekt begossen.

»Das wird nicht passieren«, erwiderte ich ernst. »Vorgestern hat er seinen Kram hier abgeholt. Er wohnt jetzt erst mal bei seiner neuen Freundin. Mir geht es besser ohne ihn. Ich will ihn nie mehr wieder haben.«

Die Trennung zwischen Harald und mir verlief weitgehend ohne Konflikte. Wir einigten uns darauf, dass er die Kinder jederzeit zu sich holen könne und für sie und mich Unterhalt bezahlen würde.

Was viele aus unserem Bekanntenkreis ihm wieder hoch anrechneten, war, dass er sämtliche Schulden auf seine Kappe nahm.

Ich weiß nicht, wie er es schaffte, aber die Bank meldete sich nie wieder bei mir, um mich in die Pflicht zu nehmen, obwohl wir das Konto als Ehepaar geführt und auch sämtliche Kredite gemeinsam unterschrieben hatten. Mir ließ er lediglich die 4.000 DM Schulden an Tante Linda.

Ich hielt es nicht für eine Heldentat. Ich fand es selbstverständlich.

Als wir uns trennten, saß Harald auf einem Schuldenberg von fast 60.000 DM. Obwohl ich nichts mehr mit ihm zu tun haben wollte, wurde ich hellwach, als ich im Internet Informationen über den Privatkonkurs fand, der hoch verschuldeten Menschen einen letzten Ausweg bietet.

Obwohl ich Harald schon mehrfach darauf hingewiesen hatte, wie hilfreich ein Gespräch bei der Schuldenberatungsstelle ist – ich empfahl ihm »meine« Frau Gronau –, und von ihm keine Rückmeldung dazu gekommen war, erzählte ich ihm dennoch von der Möglichkeit, Privatkonkurs anzumelden. Was er mit dieser Information anfing, war mir im Endeffekt egal. Ich wollte nur, dass er wusste, dass es eine Hoffnung gab.

Dieser Privatkonkurs ist ein Mittel zur umfassenden Schuldenregulierung bei Privatpersonen. Es soll dem Schuldner, der ernsthaft daran interessiert ist, sein Leben zu ändern, die Möglichkeit geben, noch einmal neu anzufangen. Zuständig dafür ist das Bezirksgericht.

Damit so ein Verfahren eingeleitet werden kann, sind verschiedene Voraussetzungen nötig. Zum Beispiel darf der Schuldner kein eigenes Vermögen mehr haben, er muss sich darum bemüht haben, seine Schulden selbst zu begleichen, und er muss ein Zahlungsangebot machen können, das in der Regel der pfändbare Teil des Gehalts ist. Wenn nichts pfändbar ist, kann er sogar einen Betrag aus dem Existenzminimum anbieten. Außerdem sollte der Schuldner sich in einer stabilen Lebenssituation befinden, also eine Wohnung und eine geregelte Arbeit haben.

Das Verfahren klingt nicht ganz unkompliziert, aber für mich war der wichtigste Satz, dass der Schuldner nach sieben Jahren von seiner Restschuld befreit wird, wenn er mindestes 10 Prozent abgetragen hat und sich an alle Vereinbarungen gehalten hat. Das war doch was!

Harald wirkte sehr glücklich in seiner Beziehung zu dieser Irina, einer bildhübschen jungen Frau, die gerade 20 geworden war und bereits ein hartes Schicksal erlitten hatte. Sie war als Kind von ihrem Stiefvater sexuell missbraucht worden, und ich vermutete, dass sie Haralds Beschützerinstinkte weckte. Durch sie konnte er sich männlich fühlen. Einmal sagte er mit schiefem Grinsen: »Wir sind zwei kaputte Seelen, die sich gefunden haben. Irina ist nicht so stark wie du.«

Ich und stark ... Wenn ich in all den Jahren auch nur einmal stark gewesen wäre, hätte ich ihn sehr viel früher verlassen.

Irina konnte einen weiteren entscheidenden Vorteil aufweisen: Sie war vermögend. Von ihren Eltern hatte sie ein schuldenfreies Haus geerbt, und wie Harald mal andeutete, gab es auch noch weitere Rücklagen.

Ich unterstelle Harald nicht, dass er nur darauf aus gewesen ist, aber es hat ihn bestimmt auch nicht zurückgehalten.

Für mich war entscheidend, dass ich in den nächsten Jahren nichts mehr mit diesem Schuldenberg zu tun hatte.

Bis Martin einzog, fühlte ich mich an manchen Abenden sehr einsam, weinte auch manchmal, aber nicht aus Trauer um unsere Ehe, sondern eher aus Selbstmitleid. Ich lenkte mich mit der Arbeit am Haus ab, das ich mit meinen eigenen Händen und möglichst wenigen, aber hochwertigen Materialien in ein Schmuckstück verwandeln wollte.

Später erwies sich Martin nicht als der typische Computertüftler mit zwei linken Händen, sondern er zeigte handwerkliches Geschick, schliff mit mir gemeinsam das Parkett ab und half mir, die alten Sofas mit neuen Stoffen zu beziehen.

Unsere Beziehung war von Freundschaftlichkeit geprägt, es tat mir gut, einen so unaufdringlichen Mann um mich zu haben, der zuhören konnte, ohne den Versuch zu unternehmen, mir zu nahe zu kommen.

Viele Abende verbrachten wir in seinem Wohnzimmer, das er sich spartanisch, aber stilvoll eingerichtet hatte und in dem ein Multimediazentrum aus PC, TV, Videogerät, DVD-Player und CD-Player den Mittelpunkt bildete.

Ich spürte, dass es ihm gefiel, in einer lebendigen Umgebung zu Hause zu sein. Bei uns war immer etwas los. Freundinnen und Nachbarn kamen zu Besuch, Kinder gingen ein und aus.

Markus und Sven schlossen den netten »Compi-Mann« auch ins Herz. Sven führte er anhand einer »pädagogisch wertvollen« CD-Rom für Kindergartenkinder in die Welt der Computer ein. Markus liebte es, mit ihm Feuerwehrauto und Polizeiwagen zu spielen.

Ich erzählte Martin viele Geschichten aus meiner Ehe mit Harald, aber ich war mir nicht sicher, ob er wirklich verstand. Er wirkte introvertiert, oft sogar geistig abwesend.

Es war auch egal, Hauptsache, ich hatte jemanden, dem ich meinen ganzen Seelenmüll ausschütten konnte.

35. KAPITEL

Ich mochte Irina auf den ersten Blick. Sie war Kindergärtnerin und fand gleich einen Zugang zu Markus und Sven. Das gab mir auch ein sicheres Gefühl, wenn Harald die beiden Jungs übers Wochenende zu sich holte.

Am Anfang kam er regelmäßig mindestens zweimal im Monat, später seltener, und oft genug standen die Kinder auch fertig angezogen im Flur, ihre Rucksäcke auf den Schultern, in freudiger Erwartung auf den Papa und »Ina«, und Harald blieb fern.

Ich gab mir viel Mühe, die Kinder dann über ihre Enttäuschung hinwegzutrösten, erfand Geschichten von Papas Arbeit und log einmal mehr für meinen Ex-Mann.

Aber den Kindern wollte ich so lange wie möglich ein zumindest neutrales Bild von ihrem Vater erhalten. Ich wollte ihn nicht schlecht machen und die Kinder beeinflussen. Sie würden früh genug selbstständig denken und sich ihre eigene Meinung bilden können.

Den Unterhalt für die Kinder überwies Harald in den nächsten Monaten regelmäßig, meinen Unterhalt strich er, nachdem er erfahren hatte, dass Martin bei mir wohnte.

Martin war mir tatsächlich nicht nur emotional eine Stütze, sondern auch finanziell. Er übernahm von sich aus sämtliche Nebenkosten für das Haus und hatte oft freitags nach einem Großeinkauf den Kofferraum voller Lebensmittel.

Ich war nicht zu stolz, das anzunehmen. Ich spürte, dass es Martin Freude bereitete, mich allein stehende Mutter und die beiden Kinder zu verwöhnen, und er verdiente so viel, dass er es für sich allein gar nicht ausgeben konnte. Im Gegenzug genoss er die Herzlichkeit und Wärme in unserem gemeinsamen Zuhause, wie er mir in einem Anfall von Mitteilsamkeit gestand.

Zu meinem letzten Geburtstag, den ich am Abend mit einer Party mit allen Freunden und Verwandten feiern wollte, überreichte mir Martin am Morgen eine viereckige Box, die in rotes Öko-Papier eingeschlagen war.

Ich war erstaunt, überhaupt ein Geschenk von ihm zu bekommen, öffnete es vorsichtig und zog aus einem grauen Pappkarton die Goldkette, die Harald vor zwei Jahren versetzt hatte.

Ich brachte vor Staunen und Freude zunächst kein Wort hervor. Dann blickte ich Martin an, der mit knallrotem Kopf seine Schuhe anzog und sich für die Arbeit fertig machte. »Wo hast du die her?«

»Hab sie zurückgekauft. Sie lag noch in demselben Geschäft, in dem dein Mann sie versetzt hatte.«

»Aber woher weißt du ...«

»Du hast es mir erzählt.«

Er zog sein Jackett an, ich ging zu ihm, stellte mich auf Zehenspitzen, gab ihm einen Kuss auf die Wange und umarmte ihn fest. Er ließ die Arme hängen. »Danke«, sagte ich.

»No Prob.« Er nahm seinen Aktenkoffer und ging zur Tür. »Bis heute Abend. See you.«

»See you.«

Gestern hat mich Irina angerufen. Wir haben ein nettes Verhältnis zueinander, aber privat telefoniert haben wir bislang noch nicht. Ich tat, als sei es selbstverständlich, dass sie mich um zwei Uhr nachmittags anrief.

»Anke, kann ich dich mal was fragen?«, sagte sie, nachdem wir, während ich weiter bügelte, über das Wetter und die Kinder geredet hatten.

»Klar.« Ich hatte den Hörer zwischen Schulter und Ohr geklemmt und stellte nun das Bügeleisen hochkant, um mich ins Wohnzimmer zu setzen, die Füße auf einen Hocker zu legen und mich ganz dem Gespräch zu widmen.

Irina klang so, als läge ihr etwas sehr auf dem Herzen.

»Du weißt, dass Harald spielsüchtig ist?«, fragte sie unvermittelt.

»Natürlich.« Wir hatten das noch nie thematisiert. Ich war gespannt, worauf sie hinauswollte.

»Er hat jetzt den Offenbarungseid geleistet und wird Privatkonkurs anmelden.«

Es erstaunte mich, wie gut sie im Bild war. Offenbar tappte sie nicht so lange im Dunkeln wie ich, vielleicht war es aber in diesen Tagen auch einfacher, sich Informationen zu verschaffen, vielleicht war es inzwischen allgemein bekannt, dass Glücksspiel auch süchtig machen konnte.

»Das hört sich doch gut an«, sagte ich abwartend.

»Na ja, wie man's nimmt ... So hat er eine Aussicht, von seinen Schulden wegzukommen. Er will jetzt auch eine Therapie machen, vielleicht sogar eine stationäre.«

»Gut so«, bemerkte ich.

Irina zögerte. »Ich hoffe, dass er es durchhält«, sagte sie dann mit weicher Stimme.

»Ja, das wäre wichtig für ihn und für dich.«
»Er hat gesagt, ich kann mich auf ihn verlassen.«
Ich wünsche es ihr aufrichtig.

Ende

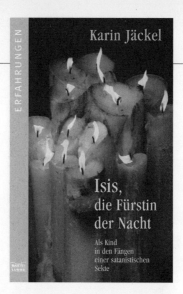

So erschütternd wie LUKAS
Isis' Eltern sind Satanisten

Isis' Familie scheint ganz normal: Sie ist die Tochter einer Hausfrau mit einer Vorliebe fürs naturnahe Leben und eines allseits beliebten Lehrers. Niemand ahnt, dass ihre Eltern einer satanistischen Sekte angehören. Dass Isis, sobald die Sonne untergeht, die Fürstin der Nacht spielen muss, die dem Fürsten der Nacht zu Willen sein muss. Dass sie in einen Marmorsarkophag eingesperrt wird, wenn sie sich wehrt.

Als sie schwanger wird, entflieht sie der Sekte. Isis' Eltern nehmen diese Flucht hin, doch nun entbrennt der Kampf um Isis' Tochter. Die Eltern wollen sie zur neuen Fürstin der Nacht machen ...

ISBN 3-404-61521-2

Ein berührendes Schicksal

Schwanger! Friederike Rosenfeld ist überrascht, aber sie freut sich sehr über das unverhoffte Glück. Obwohl ihr Freund sich kurz darauf von ihr trennt, ist sie fest entschlossen, das Kind auszutragen. Doch es ist von Anfang an auffällig ruhig, und Ende des vierten Monats steht fest, dass das Herz ihres Kindes aufgehört hat zu schlagen. In ihrer Trauer und Verzweiflung erfährt Friederike zu ihrem Entsetzen, dass sie ihr totes Kind unter Wehen gebären muss.

ISBN 3-404-61519-0

»Man nennt sie die ›weiße Königin‹.«
Elle

Sie hasst Regeln und Befehle. Lebt in einer Lehmhütte, bestellt ihre Felder, war die 27. Frau eines Stammesfürsten. Claude Njiké-Bergeret findet, dass die Menschen in Europa viel von Afrikanern lernen können: Solidarität und gegenseitige Achtung. Die Menschen in ihrem Dorf urteilen nicht nach dem Äußeren, für sie zählen die inneren Werte. Sie nehmen sich Zeit zum Leben und füreinander. »Das Paradies ist, wenn jeder genug zu essen hat und ansonsten machen kann, wozu er Lust.«, lautet ihr Lebensmotto.

ISBN 3-404-61522-0